Idea man

Idea man

每日只要30分鐘

多益980分高手的必勝學習術，持續小單位的成功就能改變人生！

古市幸雄——著　　韓宛庭——譯

前言

這下得跟客人道歉了……。

這是我收到本書的出版提案時，心裡最老實的感想。因為，本書的原始版本，來自我從二〇〇三年十一月起，以《不做輸家的學習法》命名，放在個人網頁上販售，標價日幣一萬圓的自製手冊。儘管價格昂貴，但它光在網路上就賣出超過五百本，意外成為一本檯面下的暢銷書。

事實上，這套學習法標榜一年之內無效全額退費，網頁上亦註明「請實際用用看，倘若一年之內不見成效，我樂意退錢」。然而，三年半過去了，要求退費的只有一人。

我收到的不是客訴，而是感激的回饋。

「坊間現有的學習類叢書，都是以懂讀書的人為前提來撰寫，這套學習法卻是**針對不習慣讀書的人來下筆**，是一套前所未有、無法具體分類的嶄新學習方式。」

諸如此類的心得如雪片般飛來。

有人在身體力行後成功轉職，有人學習效率三級跳並通過留學門檻，成功的例子不勝枚舉。

我即將在書中分享的學習法並非紙上談兵，也不是精神勉勵法。畢竟，光靠精神意志力，無法建立恆久的進修習慣。這套學習法是我歷經千辛萬苦才找到，在現在這個時間點最有效的學習方式。

過去有段時期，我一邊在報社擔任攝影記者，一邊準備留學考。報社的工作相當繁重，我幾乎找不到時間念書，總是在想如何能再多偷一點時間。

每當學習出現停滯，我都會對自己發脾氣，甚至為自己的一再分心自我感覺不佳。當我察覺容易分心的原因來自天生的鼻塞造成的呼吸不順，我還跑去做了鼻子手術。我也曾經抗拒念書，一度想放棄留學，常讀到一半就趴在桌子上睡著了。

然而，努力嘗試錯誤之後，我終於一圓赴美的夢想。

去到美國以後，等著我的是殘酷的現實，我必須投入過去一・五倍的學習分量才行。原因是，我的英語能力在當地幾乎不管用。

為了強化英語，我開始要求自己每天花四十分鐘讀英文報紙，如果今天偷懶，隔天就要讀兩天份的報紙。當時，每天花超過十二個小時讀書是常態，我只能不斷從成功和失敗中記取教訓，持續摸索最好吸收知識的學習方式。

我從漫長的學習經驗中萃取出精華，製作了《不做輸家的學習法》，並在補充、修訂後完成此書。書中提及的多數學習法，有效幫助我年過三十學會英語，取得工商管理碩士（ＭＢＡ）學位，如今我是一位英語教師，而且恐怕是少數能指導英語發音的日本人。

不光是我，還有超過五百人因為實踐了這套方法而得到成果。因此，這已是一套**經過實際測試並且有效的學習法**。

後面引用我在網頁上公開的原版序，這是一篇帶有挑釁意圖的文章，請務必一讀，藉此了解我當初為何憑著一股衝動寫下這本書。

你的公司裡也有無能主管嗎？

對，我就是在說那些每天早上準時上班，幾乎毫無產能，連替公司賺一毛錢都做不到，卻造成四萬圓左右的基礎損失、成為冗員的老頭子。這麼說很失禮，但無能這兩個字彷彿為他們量身打造。

你也想變得跟他們一樣嗎？

他們在商場上變得毫無競爭力的原因很簡單：每天下班後跟同事泡在居酒

屋，搭車通勤時只看體育新聞，回到家先來杯啤酒配棒球賽……這些人不讀商業書、不上進修課，毫無上進心可言，進入公司轉眼過了二、三十年，時代變了，商業競爭力所需的技能早就跟從前不一樣了，他們卻懶懶散散，不願意學習新技能。

簡單來說，這些人從進入職場後就不曾自我投資。

聽到「投資」，你可能會想到金融方面的投資，我說的是把時間和金錢用在自我提升，這樣的結果會為你帶來升遷及加薪，免除被裁員的風險，如果這不是投資，什麼才叫投資？

這不是譬喻，在高獲利的金融商品可遇不可求的低利潤時代，**投資報酬率最高的做法就是投資你自己**。

對現年五十歲的上班族來說，終身僱用制神話在他們的全盛時期還相當普及，反正只要給公司養就行了。但是，如同各位所知，這樣的時代早已結束。

我再重複一次：

給公司養的時代已經落幕了！

你一定要先認清這個事實。面對未來至少二十年的上班人生，你必須提前做好準備，成為一個獨立、有競爭力，即使公司明天就把你開除也能立刻找到新工作的企業人才。

你人生的盛衰榮辱，包括你的重要家人的盛衰榮辱，全取決於你這個經濟支柱的決定。

我再說得絕一點。

你不找一份真的可以賺到錢的穩定工作，你家裡的小朋友以後就沒錢讀大學。你和你的伴侶加起來若是賺不到一定的收入，你家裡的小朋友和未來的小朋友就無法接受良好的教育，血淋淋的現實就擺在眼前。

我想問問讀到這裡的各位：

「即使如此，你仍要繼續在電車裡看體育新聞嗎？」

「即使如此，你仍要繼續看電視播的綜藝節目嗎？」

相信購買此書的人會說「不」。沒有上進心的人，不會特意掏錢買下這份祕笈。接下來，我將傳授我在大學畢業後，一步一腳印地持續用功，用自己的方式整理出來的學習法。

當然，我參考了各式各樣的學習法。學習相關書籍去書店找就有一大堆，但我總是感到不滿：為什麼沒有一本書具體寫出要怎麼學？

例如這個句子「早上提早一小時起床讀書吧」，我想問的是，我都已經睡眠不足了，究竟要如何擠出這一個小時呢？還有，我該用什麼工具做筆記呢？書上竟然完全沒有寫。

因此，我會盡可能詳實地告訴你，我都使用哪些工具、在什麼環境下讀書，又是如何擠出時間讀書的。

我不會說「這套學習法最適合你用」，這畢竟是我的個人經驗，所以是「當下最好」的學習法。

你可以把它當作基礎，適合自己就採用，不適合就拿掉，都沒有關係。

我的學習祕笈裡，有許多方法簡單到你會嚇一跳。但是，知道是一回事，實際運用又是另外一回事。

附帶一提，以下是我主要擁有的技能及證照：

- MBA（工商管理碩士）
- TOEIC（多益，國際交流用英語測試）九百八十分
- 英語會話商用英語級
- 中高英語教師執照
- MCSE（微軟認證系統工程師）
- MCDBA（微軟認證資料庫管理員）
- MCSD for Microsoft. NET（微軟認證解決方案開發工程師）

● Sun Microsystems認可Java程式設計師

裡面或許也有讓你羨慕不已的技能，但我並沒有特別做什麼。

當許多上班族去居酒屋喝得爛醉如泥時，我把時間用來學習技能；當許多上班族在電車上看漫畫時，我把時間用來讀商業書，我與這些人，只差在時間運用方式不同，以及學習方式不同，如此而已。

我在十五年前便從日本的大學畢業（後來才去美國拿到碩士），和所有人一樣，我們在進入大學（或高中）以前，或是在求學期間，多多少少都會讀點書，因此，真正出現差異的關鍵在於：**你的讀書習慣在畢業之後維持了多久**。

讀者裡面也許有人會說「我只有三流大學畢業」、「我連大學都沒讀」。

但是，就算一流大學和三流大學的四年出現程度差異，沒升大學的人程度落後了四年，只要大學（或高中）畢業後老老實實地持續用功，這點差異輕輕鬆鬆就能追平；而且，只要你繼續努力，立場就會反轉，那些人將遠遠被你拋在後頭！

來簡單比較一下吧。

A從一流大學畢業後，不曾為了自我投資而用功。

B從三流大學畢業後，每天都花三十分鐘學習必要技能。

你說，大學畢業的十年後，誰擁有較多符合時代需求的技能呢？答案不言自明。

你從高中或大學畢業後，每天花多少時間用功呢？

如果不喜歡「用功」這個說法，請問你每天花多少時間、金錢和勞力磨練自我呢？

你不會跟我說「因為不用升學考試，所以沒念書」吧？

你不會給我心想「工作太忙了，念不了書」吧？

每次看到那些無能上班族，我都替他們感到可悲。知道是什麼原因嗎？

因為，他們對自己的無能有所認知，卻沒有自己的尊嚴。我很明白這種感受，在公司被上級罵，又被後輩瞧不起，在家當然也不會獲得尊重。

有些人可能不服氣：「我在公司的確無所作為，但是在家是好家長！」問題是，現在一大堆企業都將能力差的員工列入降調或裁員名單。

身為家長，倘若因為裁員無法照顧家庭溫飽，也是重大失職，不是嗎？

你可能會說：「被裁員是公司的問題！」但請試想，假如立場顛倒，你會樂意一直付薪水給毫無產值的員工嗎？

另外，你知道公司僱用你一小時，要耗掉多少基礎開銷嗎？

一般上班族的勞動時數為一年一千八百五十個小時，我們多抓一點，用兩千小時來計算吧。這時候不是要用年薪去除，最少也要用年薪的一・五倍下去除。

你的公司為了僱用你，除了基本薪資以外，還負擔了獎金、交通費、電腦設備等多項支出，在你看不見的地方，還有將近年薪五成的經費支出。

因此，假設你的年薪為五百萬圓，請用七百五十萬圓除以勞動時數，就能算出一小時的費用。

我們來實際除除看，把七百五十萬圓除以兩千小時，一小時就是三千七百五十圓。這個數字代表什麼呢？簡單來說，只要你工作一小時無法為公司帶來超過三千七百五十圓的利益，就會合理被列入裁員名單。用八小時來計算，一日平均三萬圓。

在商業領域無法創造商業利益，責任必須由你自己來承擔。你怎麼有資格不努力進修、不投資自己、不去學習新技能呢？

再來，我為何一口咬定「無能的上班族沒有自尊」？

因為我從小看這種大人看太多了。每次見到大人一天到晚抱怨公司，年幼如我，心裡都會想：「既然這樣，為什麼不讀書呢？」

這些大人有個共同點：不肯為了理想的人生付出努力，老愛把自身的不幸拿來怨天怨地怨父母。

我在內心發誓「以後絕對不要變成這種大人」，並且持續不懈地讀書。這是我從不停止學習的出發點。

待會兒，我就會將從各種錯誤中學來的學習精華傳授給你，這份祕笈會教你如何養成人生勝利的學習法、思考方式以及習慣。

事實上，養成讀書習慣一點也不難，只要掌握讀書訣竅，把它變成習慣就行了。只是，對尚未養成習慣的人來說，要自力抓到訣竅、找出適合自己的讀書節奏，工程相當浩大，會時常出現停滯或是分心，導致自我感覺不佳，最慘的情形甚至會變得排斥念書。

本書除了傳授具體的學習方式，也會教你面對讀書考試的健全思維與心態調整。因為，擁有正確的心態，遠比學習那些讀書小花招要重要太多了，心態變了，你的行為也會跟著改變，如果只是改變行為模式，沒有照顧到內心的細微變化，學習就無法持久。

答應我一件事，不要一次急著用上全部的祕笈，請先挑選一、兩個來用用看，循序漸進地增加。先集中使用一個（或兩個），使它化作習慣，再進入下一個。順序可以自由決定，從你認為「這我也可以！」，感覺門檻較低的學習法開始吧。不僅如此，本書亦針對和學習沒有直接相關，但會間接影響學習效率的部分提出建議，幫助你全面性地提升學習效率。

還有最重要的，每天只讀一點點也沒關係，重要的是持之以恆。不管你是國中學歷、高中學歷，或是二、三流大學畢業都沒關係，只要持續學習，這些阻礙輕鬆簡單就能克服。

「每天只要三十分鐘」，持續半年至一年後，你會實際感受到知識量增加，心態上也變得更有自信，到了那個時候，夢想和目標便垂手可得。

只要每天持續學習三十分鐘，你的夢想就能兌現！

來，先從自己能做到的開始練，每天做一點點吧！

目錄 CONTENTS

第1章 願意學習的人，才是人生的贏家！

第2章 學習的時間要從哪裡生出來？

第3章 如何集中學習注意力？

目錄 CONTENTS

第4章 短期衝刺型學習法vs長期規劃型學習法

第5章

有心學好英語的人，如何真正學會英語？

第6章

如何設定目標，落實學習進度？

目錄 CONTENTS

第7章 想要提升學習效率，飲食和睡眠也很重要

第8章

提升學習效率的便利工具

第1章

願意學習的人，才是人生的贏家！

學習法 01

如何找出學習動力？

學習需要注入動力，這個動力從何而來？

是的，找不到學習動力是許多人的通病。恕我直言，如果遲遲找不出動機，其實就是不想念書！**既然這樣就不要念！**

你沒有看錯，無心向學或是沒做好覺悟的人可以不用念，反正義務教育已經結束了，何苦為難自己呢？

你知道「好想念書」是什麼感覺嗎？我們來看看巴黎，立志未來要當藝術家的年輕人滿街跑，裡面大部分都是窮學生，他們不惜餓肚子也要替自己買書或買畫具。就算不看巴黎，日本也有許多從國外來念書的勤勉留學生，誰不是為了求學在拚命呢？

你有像他們一樣的熱情嗎？

我不是在說「為了讀書可以不吃飯」，而是在說「好想念書」就是這種感覺。連一天都不願意撥出三十分鐘念書的人，基本上就是不想念書。

現年七十歲以上的老人家，有不少人因為兒時家貧或是戰爭等因素無法上學，你應該也聽他們說過：「我其實好想念書……」

可是，這些人每天晚上在做什麼呢？在看電視。基本上，這就是不想念書的人。如果真的想念書，去書店買一本感興趣的書來讀不就得了？連這點小事都不肯做，「我其實好想念書……」說穿了只是藉口。

然而，面對這些一路苦過來的人，隨便用一句「你就是不想念書」來定罪就太可憐了，他們會有這樣的反應並不奇怪，因為**學習是很看時機的**。

也就是說，一個人學習動力最強的時期，就是他覺得「好想念書」的當下，一旦錯過了這個時機，學習欲望就會逐漸變淡。

所以，當你覺得「好想念點書」、「好想學東西」的當下，記得打鐵要趁熱，趕快趁這段期間集中效率念書，如此一來，知識吸收的效率會是平時的好幾倍。趁著「想念書時」立刻投入感興趣的學習課程，就是找出學習動力的不二法門。

如果你需要刻意給自己找個理由，我會建議你問自己一個問題：「如果一直這樣下去，我會不會有一天對自己喪失信心呢？」

或者，你也可以想像自己就這樣不努力不上進，十年以後會是什麼模樣。

● 你能保有現在的工作或是地位嗎？
● 你能維持現在的收入嗎？
● 你現在任職的單位還存在嗎？

找出學習動機的訣竅就是，想像自己未來想成為的樣子，接著思考：為了接近這份未來藍圖，現在的我必須做什麼呢？如此一來，就能用力推自己一把。

學習法

02 如何養成學習的習慣？

擺脫三分鐘熱度，讓自己在學習上持之以恆的訣竅就是，不要天天狂讀猛讀，每天只要花三十分鐘至一小時就夠了，先將它化作習慣，就能一年一年地持續下去。此處的學習包含了閱讀以及所有能提升自我的活動。

每天只花三十分鐘，但持續了整整五年，遠比每天花五小時苦讀，最後只維持了一週要強太多了。當學習成為你生活的一部分，根本不會讓你感到痛苦，反倒是每天強迫自己讀五個小時，不變得討厭念書才奇怪吧。

請看下一頁的圖表。

橫條圖是每天念書五小時，一年當中只持續十天的結果；直條圖是每天

「細長」比「粗短」更簡單！

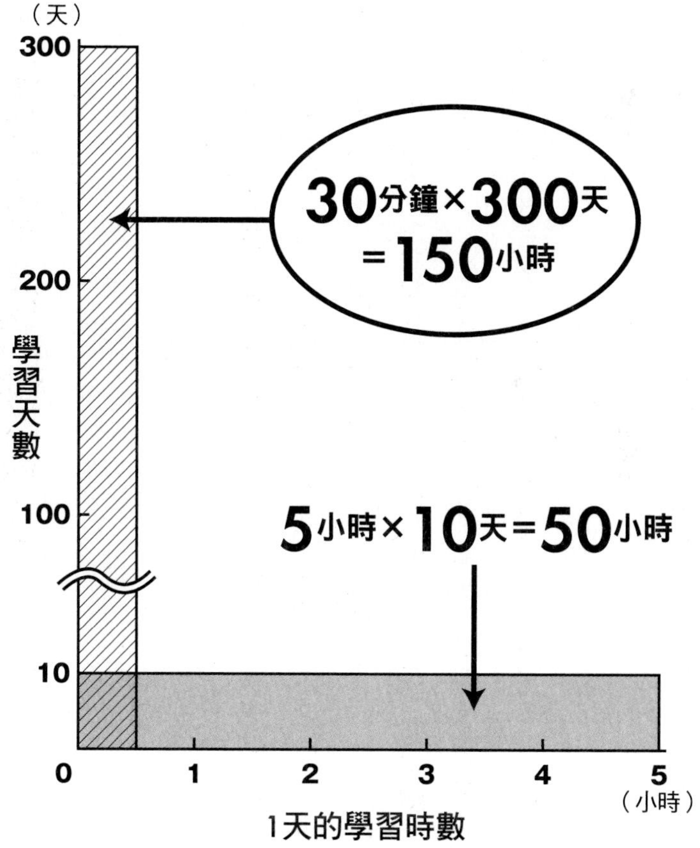
（天）
300
200
100
10
學習天數
30分鐘×300天
=150小時
5小時×10天=50小時
0
1
2
3
4
5
（小時）
1天的學習時數

念書三十分鐘，一年持續三百天的結果，得到的總學習量就是棒狀圖的面積。橫條圖是五小時×十天，所以是五十個小時；直條圖是三十分鐘×三百天，所以是一百五十個小時。如此一來，你應該就能明白「慢慢來但持之以恆要強太多」的根據是怎麼來的了。

若把時間拉長為兩年、五年甚至十年，兩者將會出現巨大差異，只要你願意保持常態學習，就能和其他同事拉開距離。反過來，如果你拒絕學習，就會漸漸被時代拋下。

要當哪種人，一切操之在你手中。

各位當中，應該也有好不容易開始念書，結果只維持了三天，學習不成反倒打擊自我信心的人吧。沒關係，三分鐘熱度總比什麼都不做來得好。你知道嗎？即使只有三天認真，只要重複五十次，一年就能增加一百五十天的讀書時間！這不是相當了不起嗎？

想要養成習慣沒有捷徑走，只能無自覺（下意識）地重複某個行為，直到身體潛移默化。你會遇到的第一個難關，就是過往的壞習慣。改變習慣不是一件容易的事，但這是改善現狀的唯一解方。

請在反覆成功與不成功的過程裡，讓身體慢慢記住新習慣，不要覺得沒有成功就是「失敗」，要想成「我得到了通往成功所需要的重要啟示」。習慣絕非一朝一夕能養成，連我也花了很多時間摸索，所以放寬心吧。

來點題外話，媒體本來就只會採訪時代寵兒，例如那些少年得志的成功企業家，我們只是平凡老百姓，不需要年紀輕輕就闖出名堂。大器晚成不是很好嗎？只要每天腳踏實地學點東西，最後成為人生的贏家就行了。

沒念一流大學又怎樣？完全不需要感到自卑，有沒有讀大學，說穿了只是人生的一步路，跟小時候玩過的人生遊戲一樣，就算中間繞了遠路，只要最後有計畫地笑著迎向終點，那就贏了。所以，每天只讀一點點也沒關係，重點在於持續下去。

如果你現年三十五歲，人生以八十歲來計算，你連人生的一半都還沒達到，你不會拿「因為我沒讀大學」、「因為我家沒錢」來當作藉口，年紀輕輕就放棄人生吧？

雷・克洛克（Ray Kroc）從小小的漢堡店發現可能，並將麥當勞拓展為世界連鎖的速食店，也是在他人生五十二歲的時候。如果他在三十歲、四十歲時就放棄人生，就無法成就這番豐功偉業了。

他在其著作《永不放棄：我如何打造麥當勞王國》（*Grinding It Out: The Making of McDonald's*）中提到一句話：「維持信念就能無所不能。」也就是說，人只要相信自己並持續不懈地進步，便能得到超乎想像的巨大成功。

每個人在人生的路上，或多或少都會遇到阻礙，想要有計畫地越過阻礙，笑著迎向終點，你要做的不是擊出逆轉全壘打，而是靠著一壘安打慢慢得分。換句話說，只要每天勤勉地讀一點，最後在人生遊戲中贏得勝利就好了。

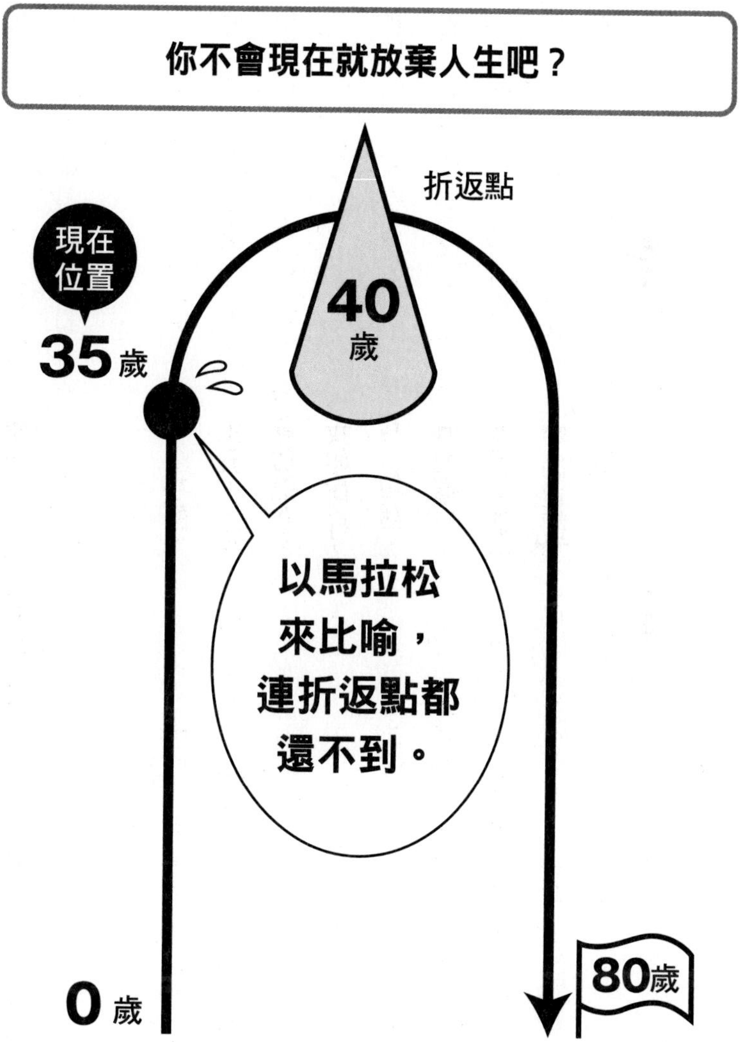
你不會現在就放棄人生吧？
折返點
現在位置
35歲
40歲
以馬拉松來比喻，連折返點都還不到。
0歲
80歲

學習法 03

讀書的訣竅在哪裡？

提到「用功」一詞，有些人會想起義務教育的「用功讀書」，進而產生抗拒感。但是，使自己今天比昨天表現得更好的生產活動，基本上都是一種「用功」，而最貼近我們的「用功」就是「讀書」了。

沒有讀書習慣的人，請先以每個月至少讀一本書的節奏，慢慢養成閱讀習慣吧。畢竟，輸入的知識量若是太少，人就沒辦法進步；或者也可以換個說法，輸出量不足的原因之一，也是輸入量不足造成的。

買書有個訣竅，就是不要一次買太多，如果可以，不妨一次購買一本，但**在購買的當天開始讀**。

我自己的經驗是，那些買了卻供著沒讀的書，多半都是因為一次買太多，而且沒有從購買當天開始讀造成的。

我在前面提到「學習是很看時機的」，同樣的話也可以套用在讀書。挑選書籍時，若是發現「好想看」的書，書錢也在你能負擔的範圍，**請不要猶豫，立刻買下它**。打鐵要趁熱，買完以後記得當天開始讀，只讀少少幾頁也沒關係，重點是要開始做。

為什麼呢？因為「好想看」的當下，就是你吸收書籍內容效率最好的時期。要是一次買太多，很容易錯失「想讀的黃金時機」。

還有，倘若你讀了之後覺得「不好看」或是「上面沒寫我要的」，請立刻中斷閱讀，將此書賣去二手書店或是亞馬遜市集（二手商品交易平台），不要想著「可是都花錢買了」，強迫自己去讀無法得到回饋的書籍，這樣只是浪費了寶貴的時間。

就我個人經驗，覺得「還可以」的書五本會遇到一本，覺得「要珍藏一輩子」的書二十本裡只會有一本，換言之，想要邂逅好書，需要相當的閱讀量才行。

而且，有時候好不容易讀完一本書，卻不見得能感覺到收穫。我自己認為有兩個原因：

一、書本身沒有寫到有用的資訊；
二、自己尚未達到能讀出有用資訊的境界。

二的情形你可能比較少聽見。

舉例來說，我自己習慣好書會反覆閱讀。有趣的是，讀第一次、讀第二次、讀第三次……漸漸累積次數後，從同一本書中會接收到更多有用資訊。

還有一種情形是，讀某本書的當下感覺不到收穫，隔了幾年拿起來重讀，忽然茅塞頓開，了解作者的用意。

書本身的內容並沒有改變，這表示是你接收有用資訊的能力提升了。想要知道自己有沒有進步，閱讀是很好的方式。

如何找出時間閱讀呢？我推薦邊泡澡邊讀，如此一來，即使是忙到沒時間讀書的人，每天也至少有十到十五分鐘的閱讀時間。

你也許擔心泡澡的蒸氣會把書弄皺，沒關係的（書這種東西只要放在浴室就會皺掉）。畢竟花了錢，你會猶豫也很正常，不過，請把書當成消耗品吧。

和供著不讀相比，書稍微皺了點但是讀完了，你絕對能有效獲取更多知識。

學習法 04

有腦科學掛保證的正確學習法嗎？

德國實驗心理學家艾賓浩斯（Hermann Ebbinghaus）做過一個有關記憶的實驗。

根據實驗，人對資訊的記憶力在二十分鐘後會忘掉百分之四十二，一小時後忘掉百分之五十六，九小時後忘掉百分之六十四，六天後約忘掉百分之七十六。

他的實驗證明了一件事：比起短時間內的連續記憶，中間隔點時間再重新記憶，大腦更能有效吸收。簡單來說，先將一個資訊傳送到大腦，然後趁大腦快要忘記時，再重新傳送一次相同的資訊，如此一來會更容易記住。

反過來說，這也表示短期衝刺的用功方式容易迅速遺忘，無法真正學會。因此，想要有效率地習得一項技能，需要的是定期、重複並長久維持。由於記憶是由大腦所掌管，我從腦科學的觀點為你進一步解說。

首先，大腦不可能記住所有的資訊，所以會暫時留存，再將資訊分成「忘掉也沒關係」以及「需要長期記憶」。因此，進入大腦的資訊需要經過判斷的手續，才能知道到底要不要留，負責做這件事的就是大腦的「海馬迴」。

簡單來說，記憶的流程如下：

顳葉→海馬迴→顳葉（長期記憶）
顳葉→海馬迴→清除（短期記憶）

人類接收到的資訊（①）會經由大腦一個被稱作顳葉的部位送到海馬迴（②），將資訊暫時保管在這裡，而保管的目的是為了進行區分作業（③），判斷這些資訊只需要暫時保存嗎？還是需要長期保存呢？

只要在海馬迴暫存資訊的狀態下，重新傳送相同的資訊，大腦就會判斷「這個資訊很重要」，並將資訊傳回顳葉進行長期保存（④），這就是長期記憶。同樣地，只要海馬迴過一陣子沒再收到相同的資訊，大腦就會判斷這個資訊不重要，而將資訊清除（⑤），這就是短期記憶。

以下為你舉例說明。

假設你讀英文需要背誦英文單字，想要完全記住一個單字，首先要將這個單字的資訊經由顳葉送到海馬迴。一週後，你再重新背誦相同的單字，將資訊再次送到海馬迴；又過了一週，一樣重複背誦相同的單字，只要像這樣多跑幾次，頻繁地將單字的資訊傳送到海馬迴，大腦就會判斷這是需要儲存的資訊，並將它長期保存起來。

如同前面的說明，資訊會被送回顳葉進行長期保存。

來看看記憶的流程吧！

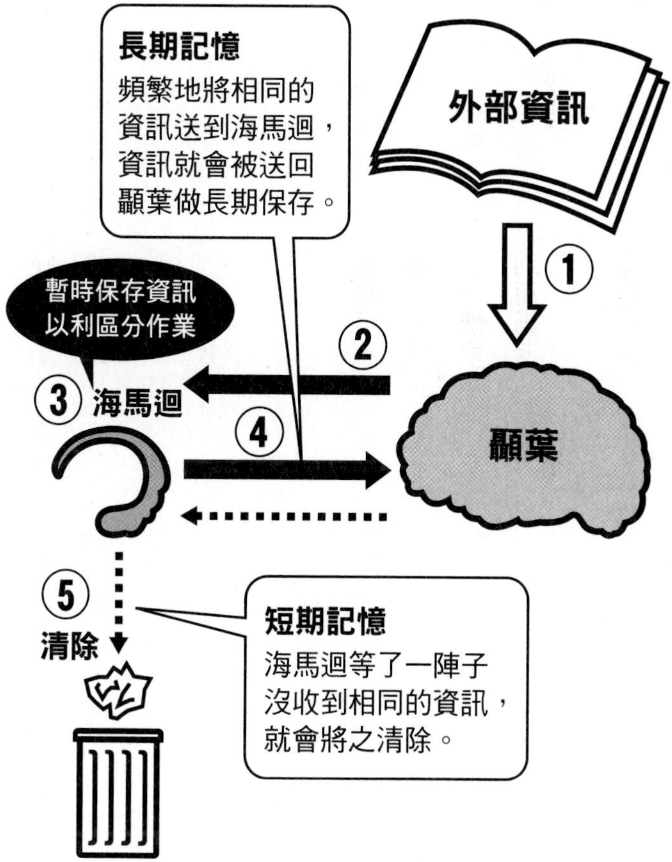
長期記憶
頻繁地將相同的資訊送到海馬迴，資訊就會被送回顳葉做長期保存。
外部資訊
①
②
暫時保存資訊以利區分作業
③ 海馬迴
④
顳葉
⑤
清除
短期記憶
海馬迴等了一陣子沒收到相同的資訊，就會將之清除。

再舉一個例子，我們偶爾會打電話給不熟的朋友，這時候，電話號碼的資訊一樣會送到海馬迴進行暫存，但之後我們不再打電話給這位朋友，不再碰觸這支電話號碼，海馬迴沒再收到相同的資訊，大腦就會判斷這支電話號碼不需要長期記憶，並將資訊清除。

聽說海馬迴暫存的時間為一個月，因此，我們可以按照大腦的習性，打造最適合讀書記憶的學習計畫。

作法為：「學習某樣事物→一週後複習→在第一次複習的兩週後進行第二次複習→在第二次複習的一個月內進行第三次複習」，如此一來，就能加強學習效率。

對立志要認真讀書的人來說，在開始之前先了解人腦是如何運作、按照什麼方式進行記憶，能幫助你事半功倍。

長期記憶的關鍵在於定期複習！

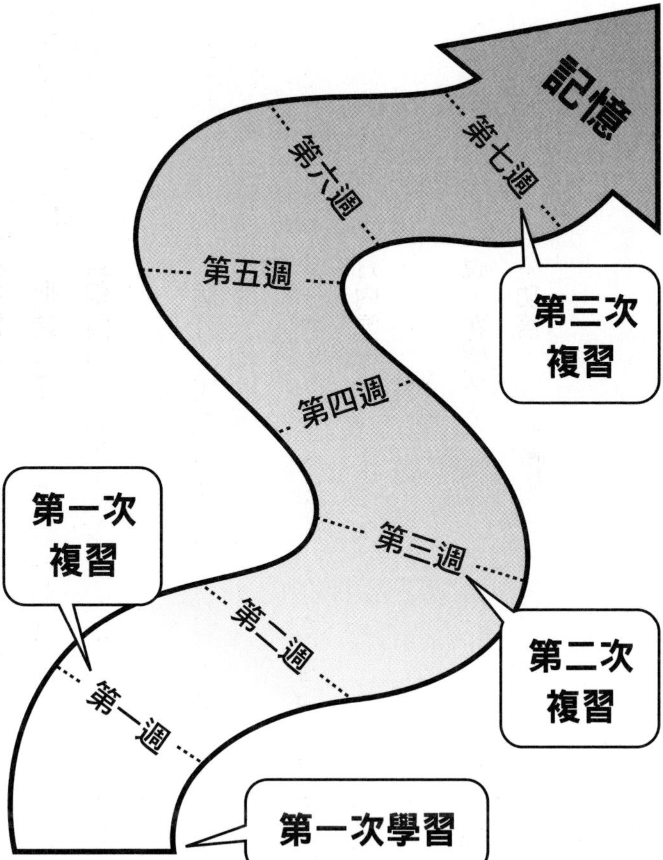

學習法

05 要讓學習開花結果，最需要的是什麼？

如果你想要粗略計算學習成果，我提出以下公式。

那就是 $y = a \times b \times x^2 + c$ 方程式，裡面的項目是 y（學習成果）＝ a（教材及課程品質）× b（專注力）× x^2（學習時間的平方）＋ c（過去累積的學習量）。

b是專注力，也就是說，不管你花再多時間讀書，如果只是因為不專心導致時間拉長，效果當然不會太顯著。這邊還有一點需要注意：學習時間是用平方計算的，由此可知，**x（學習時間）是決定y（學習成果）最重要的因素！**其重要性遠勝於 a（教材及課程品質）或是 c（過去累積的學習量）。

喜歡把「我沒讀到好大學」掛在嘴邊的人請注意，a（教材及課程品質）所影響的變數並不大；老愛說「我從小就不擅長讀書」的人也請注意，c（過去累積的學習量）的影響也不是那麼大。

還有那些常覺得「我缺乏b（專注力）的人」，有可能是因為缺乏危機意識所導致。

簡單來說，過去書讀得多不多、好不好「都不重要！」，重點在於**你「接下來」願意花多少時間持續用功**，努力增加x^2的變數x。

用我的方程式計算一下吧。

一流大學的教育品質比較好，所以這邊的a（教材及課程品質）用5來計算。其他大學用3來計算。b（專注力）不管你覺得自己好不好，都先用1來計算。x（學習時間）請以現在當作標準，現在幾乎沒念書的人用1來計算，現在每天都有多少讀點書的人用10來計算。而一流大學畢業的人通常c（過去累積的學習量）會比較多，所以用100來計算，過去幾乎沒在念書的人就用0來計算。

A 是一流大學畢業後，幾乎沒讀書的人。

$y=5\times1\times1^2+100$

B 是三流大學畢業後，每天持續讀三十分鐘的人。

$y=3\times1\times10^2+0$

計算之後，A的y（學習成果）為105，B為300。即使把B的x（學習時間）用7來計算，得到的學習成果也有147，依然遠遠勝過了A！

請不要搞錯了，增加單日的學習時間的確會讓y（學習成果）稍微增加，但學習不是一百公尺短跑，如果連續七天每天衝刺五小時，最後卻半途而廢，那就失去學習的意義了。

請把學習當成以年來計算的馬拉松，維持得越久，效果越好。

時間是決定學習成果最重要的因素！

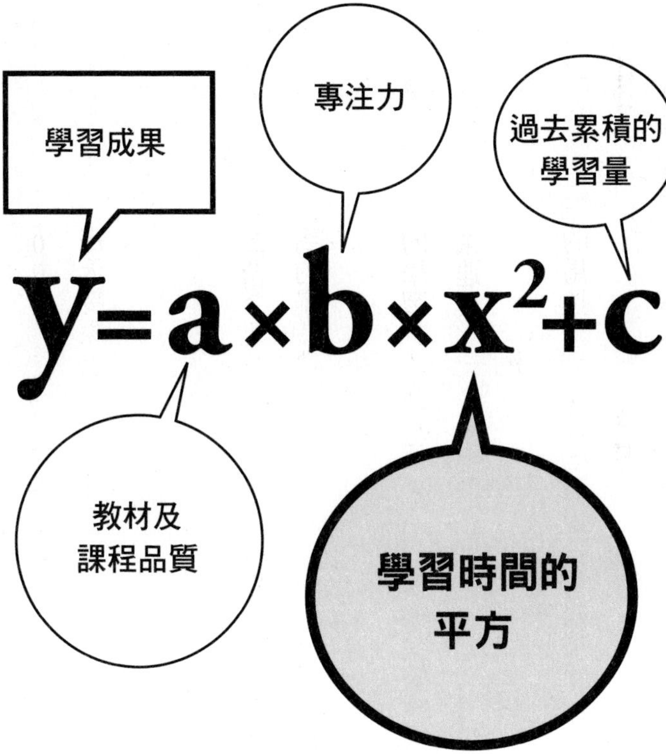

學習法 06

必勝學習策略到底是什麼？

總結來說，**學習成果是由教材及課程品質的兩成，與學習量的八成所決定的。**

想要得到學習成果，學習量的重要程度，遠比教材及課程品質的重要程度多出四倍之多！但卻常有人老想靠著「短期速成」來學東西，難怪最後往往無法得到想要的成果。

我相當清楚，想要真正學會東西，最重要的是日積月累地增加學習量，若是略過這一點，絕對無法使你真正進步。

然而，市面上卻充斥著標榜「輕鬆、簡單、快速」的學習方法，尤其在英語學習領域特別氾濫。

許多人應該報名過街頭巷尾的英語會話速成班吧？最後裡頭又有幾個人學會英語會話？就我所見幾乎沒有。

問題出在哪？出在學習量壓倒性地不足。

你是否經常忽略自己那最重要的八成學習量，總是在尋求「好教材、好課程」當作偏方呢？

學習法 07

為何一開始看不出成效？

許多人都希望能在開始學習的兩、三天後立刻看見效果，這是不可能的。用學英文來舉例吧，你總不可能背了二十個單字，兩、三天後就用英語侃侃而談吧？若是太期待看見立即性的成效，反而會因為想太多而喪失信心，誤以為「我不適合念書」。

建立正確的觀念是很重要的一件事，以下請容我引用大腦研究專家池谷裕二的著作《增強記憶力：用最新的腦科學說明記憶如何形成及鍛鍊》（記憶力を強くする 最新脳科学が語る記憶のしくみと鍛え方，暫譯）內容，從腦科學的觀點，進一步說明學習與成績的關係。

我先假定各位現在的成績都是1，學習的目標成績為1000。透過學習，成績會進步為2；這時再用點力，成績會進步為4；接下來只要持續用功，成績就會慢慢累加為8、16、32、64。

但是，你可能會想，我已經這麼努力了，成績卻只有64，距離我的目標成績1000還差這麼遠，感覺根本沒有前進嘛！許多人因而產生「我已經用盡全力了，成績卻不見起色」、「我沒有讀書天分」等想法，認真懷疑自己的能力。這時若再看見那些成績1000的人，更會心想「不可能贏過他」、「那種人就是所謂的天才吧」、「我們是不一樣的人種」，絕大部分的人都會在這個階段認定自己沒有天分，並且放棄讀書。（中略）

然而，願意耐著性子讀下去的人，之後成績就會128、256、512地往上跳。來到這個階段，之前付出的努力終於出現成效，這正是學習和成績所呈現的關係。此時只要再撐一下，成績就會來到1024，抵達當初的目標。你再繼續讀下去，視野就會彷彿看見大海一般拓展開來，你會感受到瞬間的領悟。某方面來說，跟「悟道」的體驗很相似，這個現象就來自於學習的累加效果。（p.220-p.221）

簡單來說，如果你是學校畢業後便中斷讀書的人，累積的學習量就會很少；或者你是剛開始研究非學校考試等新領域的人，由於學習時數還很少，就無法出現累加效果，學習成效仍處在緩慢成長的階段。

但是，根據池谷先生的說明，只要繼續努力，累加效果就會越來越顯著，等越過某個門檻，就會呈現直線成長，時間也許要花半年，也許要花一年，總之，請先建立「成功不是一蹴而得」的正確心態，每天保持少量的學習進度。

當你覺得成長緩慢、想要放棄時，請看看這張學習曲線圖。一個人能不能養成學習的習慣，取決於他**能否自律並持之以恆**。

無法養成學習習慣的人，往往是在緩慢成長期就半途而廢，這是很可惜的一件事。

學習不會一學見效！

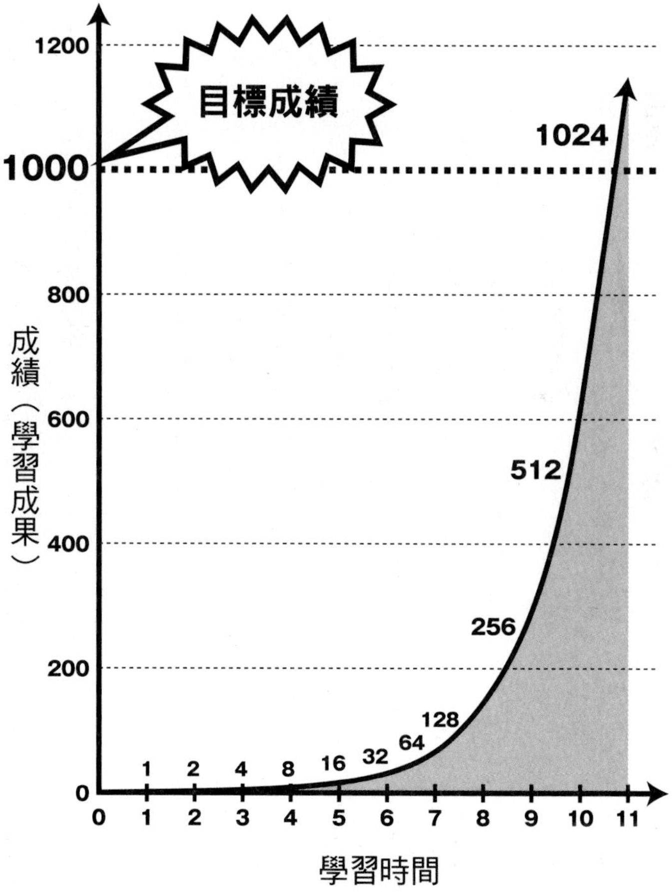
目標成績
1200
1000
800
600
400
200
0
成績（學習成果）
1024
512
256
128
64
32
16
1 2 4 8
0 1 2 3 4 5 6 7 8 9 10 11
學習時間

學習法 08

如何有效率地吸收知識？

請自我投資！或者我再換個說法：**請實際花錢感受一下！**

「不見棺材不掉淚」是人類常見的通病，如果你覺得至今學到的新知都無法吸收，很可能是捨不得花錢的心態造成的。只要花錢投資了，任誰都想要「回本」。從我漫長的經驗看來，**不願意自掏腰包的人，知識的吸收率往往也會大打折扣**。

我每年都會報名許多課程講座，目前還不曾遇到有課程讓我覺得「真後悔來參加」。重點倒不是講座的品質，而是心態問題；我總是抱著「我一定要多學一點，聽它個回本！」的心情去參加講座。

我不會跟你說「一年請花數十萬圓參加講座」，但是，假如你明知道某個課程對你很有幫助，最後卻為了省那數萬圓而放棄參加，這等於是你主動放棄了追求進步。

假如你覺得這套教材和課程「有點貴」，只要課程內容對你的技能提升有所幫助，就值得花錢投資，如此一來，便能用物超所值的金錢和時間學會技能。舉例來說，這裡有個單日一萬圓的電腦課，你知道光靠著市售書籍來自行摸索參加課程一天就能學到的技術，最後需要花多少錢嗎？

首先，技術不是光看一本書就能學會，你得購買好幾本書。電腦相關的書籍通常都很貴，假設一本約兩千五百圓好了，買兩本就要五千圓，跟單日課程只差了五千圓。不僅如此，你知道讀完這兩本書要花多少時間嗎？還有，書裡不懂的地方該問誰呢？

因此，要不要投資課程的判斷標準在於，你在這五千圓的價差裡，能夠得到多少收穫。不可以用一萬圓下去比較。仔細衡量學會技術所需的費用、省下時間的費用，以及有人回答問題的服務費用，你會發現多付一點錢有其價值。

對多數人來說，最常見的自我投資應該就是買書吧。我不會叫你「每一本書都要用買的」，但你必須有所自覺，去圖書館借書，知識的吸收率會掉到十分之一。所以，就算是買二手書也無妨，請盡量自掏腰包吧。

我跟中小企業的經營顧問專家——蘭徹斯特經營公司的竹田陽一先生通電話請益時，他也這樣告訴我：「就算跟口碑良好的人買教材，如果花的不是你自己的錢，吸收率可能不到十分之一，這種東西一定要自掏腰包才行！」我們的想法不謀而合。

有一個訣竅可以增加知識吸收的效率，那就是讀完隔幾天後，一邊想像自己在教別人，一邊複習。或是實際找一個人，教導他你學會的知識，如此一來，吸收率就會三級跳。

學習法 09

為什麼一定要自我投資？

大學剛畢業出來找工作時，你在大學的成績或研究成果，會是錄不錄取的考量重點。出社會工作幾年後，當你想轉調其他部門、想申請公司補助出國進修，或是乾脆想要轉換跑道時，要強調的則是這些年來的實質工作成果。

你知道兩者之間的共同點是什麼嗎？

答案是：我們必須**靠著多年前所累積的成績，來換得現在的收入**。你在大學的成績和研究成果是過去的積蓄，這些積蓄換來了一份工作；你在職場上的實際表現是過去的積蓄，這些積蓄讓你獲得了新地位、年收入增加。

換句話說，你不趁現在自我投資，沒人能保證五年後、十年後，你是否能保有相當的收入。現在投資所累積的新知識，會在五年後、十年後連本帶利地討回來。

舉例來說，我現在能靠英語事業賺錢，是因為我從一九九五年起的七年間非常認真學英語。我現在還能舉辦各類課程講座，是因為去美國留學的自我投資開始回本生效了。我就是知道這些，所以從不中斷自我投資。我看的是五年後、十年後的未來。

有個著名的法則叫「二：六：二法則」，是說世界大致由「二：六：二」三種比例的人所組成。

第一個「二」是完全不想自己努力、不願意自我投資的人。接下來的「六」是雖然有意願自我提升，但不會具體進行自我投資的人，基本上這種人也是不會努力向上的類型。事實上，世界就是由「二」和「六」加起來的「八」這百分之八十的人所組成，從結果來看，他們都是不會進步的類型，也就是不會自我投資的那些人。

這也可以對應到「八十：二十法則」。這個法則最早叫做「柏拉圖法則」（Pareto principle），是義大利經濟學家維爾弗雷多・柏拉圖（Vilfredo Pareto）歸納出的財富分配經驗法則。

簡單來說，是指「總業績的八成是由全部員工的兩成所決定的」、「總營業額的八成是由全部商品中的兩成所決定的」、「工作成果的八成是由總時數的兩成所決定的」等，學說指出，整體經濟活動的大部分數值，是由構成整體的小部分所決定的。

回到前面的「二：六：二法則」，最後的「二」位在頂端，只有他們會日日精益求精，勤勉不懈地學習，而且非常樂意自我投資。換個說法，這些就是會在瞬息萬變的時代持續保持進化的人。

真正的社會競爭，幾乎都是位在頂端百分之二十內的競爭，因為其他百分之八十的芸芸大眾都不是競爭對手。

因此，只要你願意自我投資，並且孜孜不倦地用功，未來絕對有機會站上那百分之二十；只要能擠入百分之二十當中的百分之五十，便意味著你已站上所有人當中的前百分之十。這時，你只要稍微努力便能擠入前百分之二十當中的百分之二十，站上所有人當中的前百分之五。

要進入頂端的百分之五，其實意外地簡單。

不趁現在自我投資，
五年後、十年後將岌岌可危！

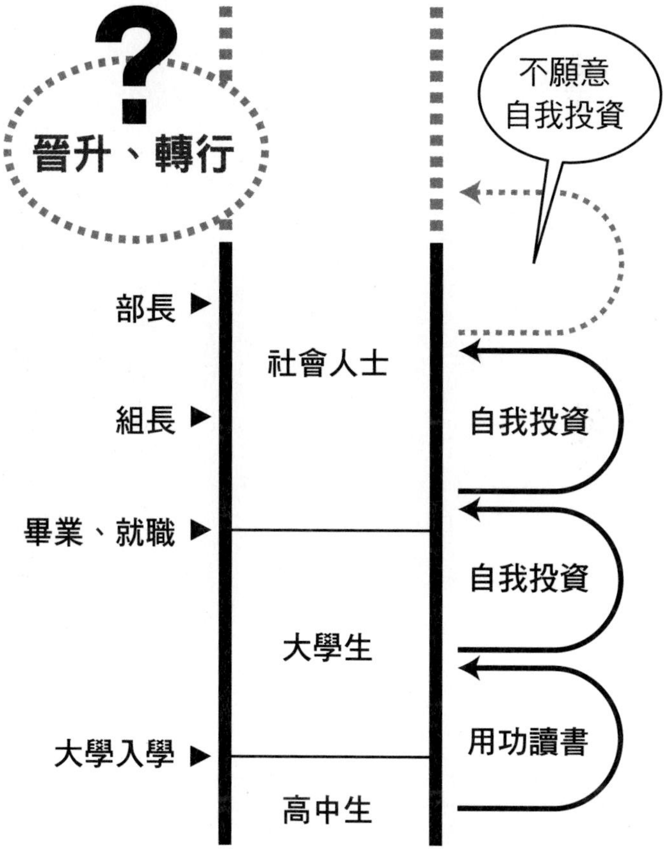

學習法 10

作者的自我投資經歷有哪些？

在此公開我的自我投資經歷。裡面有些實在稱不上自我投資，要公開其實挺羞恥，但我的經歷或許能為你帶來參考價值，所以我會開誠布公地寫出來。

距離大學畢業剩下一年的時候，由於我還完全不想進入職場上班，便在當時的恩師教授建議下，決定畢業後的第一年先去打工遊學。但是，我當時還是學生，當然沒有錢，所以想先找份工作存遊學的資金，並在朋友的介紹下去開砂石車。

職業司機分為兩種，一種是跟公司借車，由公司聘請的領薪司機；另一種則是自己買車自己賺錢的自營司機。

我在即將升上大四前，以領薪司機的身分工作了半年，終於買了一輛自己的砂石車，一週除了有一天必須去學校上課，其他時間我都在當砂石車司機，以此賺到了獨立生活的費用及遊學資金。

因為有這樣的特殊打工經驗，我持有公車及聯結車駕照，這為我帶來某種精神安定的作用，因為「假如我不適合當上班族，以後還可以回來當貨車司機」。

大學畢業後，我持續開砂石車開了一年，在春天時利用打工度假簽證制度，展開美國及加拿大的遊學之旅。我趁著在美國閒晃的期間，拜訪了當時在奧勒岡大學留學的朋友。

我去朋友修的幾堂課程旁聽，看見了那些認真向學的學生，想起了大學時沒有好好念書的自己，並決定以後要來美國留學，重新把書讀一遍。這個計畫大約在六年後成行。

接著，我前往加拿大，用了約莫四十天的時間，在加拿大洛磯山脈騎單車環山露營。

由於我當時的興趣是攝影，也趁此機會磨練拍照技術，拍了許多加拿大洛磯山脈的風景照。拍完照片後，我把照片寄給在日本的攝影師父，請他給予建議。當時的拍照修行，以及自我投資購買的相機設備，在我日後進入讀賣新聞社攝影部時派上了用場。

我主要在卡加利（Calgary，位於加拿大洛磯山脈山麓的大城市）上了三個月左右的語言學校及YMCA英語班，稍微學了一點英語，並於十個月後返回日本。這裡得到的英語經驗，成為我日後留學美國的基礎。

隨後，我參加了讀賣新聞社的工作面試，運氣好被錄取了。時間是在二十六歲的五月。當時我已經不是學生，沒有上課的問題，加上是隔年四月才要開始上班，我認為這是長程旅行的大好機會，於是向當時已經在工作的弟弟借錢，花了六個月的時間，以東西歐、中東和中國為主要國家，四處走走看看。

我在羅馬尼亞街頭看到了流浪兒，在巴勒斯坦自治區的加薩走廊看到了當地的現況，在中國的上海沿岸區及西安等內陸區感受到劇烈的貧富差距。

當時的自我投資讓我學到，自己身為日本人，是多麼幸運的一件事；以及身在日本，只要你肯努力，幾乎任何事情都有可能辦到。因此，我不應該浪費身為日本人的機會，我可以重新挑戰人生。

二十七歲起，我開始在讀賣新聞社擔任攝影記者。在加拿大的攝影特訓以及曾接案當攝影師的經驗，在這裡發揮了功用。

即將進入公司以前，我有幸拜會了美聯社的攝影記者，他建議我「接下來是數位相機的時代，你要會用數位相機和電腦」。

因此，在Windows95剛登場時，我立刻自掏腰包買了電腦，並學習如何使用。這份自我投資與提早開始學電腦，使我成為攝影部裡精通數位攝影採訪的一員。

如果只單論拍照，數位相機和傳統相機在使用上並無太大的不同，問題在於後製。你若是不會電腦，就無法進行修片，無法利用手機或是衛星電話，從採訪當地將照片的檔案傳回公司。

這次投資學到的技術，在一九九七年八月十二日發生的沼津火車意外派上了用場。

前述日期的晚間十一點十八分左右，JR東海的東海道本線的沼津站到片濱站之間，發生了一般火車撞上停駛中的貨物列車的鐵路意外，造成了四十三人受傷。當時外派到靜岡分局的我，收到值班記者通知「沼津發生火車意外，請立刻趕到現場」。

分局收到消息時已經超過十一點半，早報的最後截稿時間是午夜十二點半，我雖然心想「一定來不及」，仍火速趕往事發現場。但是，光從東名高速公路的靜岡到沼津交流道就有六十公里，事發現場的位置約有七十公里。我在十一點四十分左右從分局出發，在十二點二十分左右抵達現場。你應該可以想像我是多麼一路狂飆吧。

這時，從前開砂石車的經驗幫了我一把，如何高速安全駕駛是一回事，當時汽車導航尚未普及，而我光聽地址就知道正確位置，才能順利抵達現場。

距離截稿只剩下十分鐘。

趕到事故現場時，心跳在耳邊劇烈回響。此時若是出了任何差池，絕對趕不上早報刊登。我忍住焦急的心情，迅速用數位相機完成攝影。

只剩下五分鐘了。

我沒有時間組裝衛星電話傳照片，看了看四周，旁邊剛好有一家ＫＴＶ。我表示「情況緊急！」，成功借到了電話線。

只剩下三分鐘。

因為我反覆練習了很多遍，才能忙中有序地用電腦修片，用電話線把檔案傳送到總公司，順利趕上截稿。

當天的早報裡，只有我們家的報紙刊出了事發現場的彩色照片，我在部門內也受到了肯定，這同樣是自我投資的功勞。

除此之外，我在任職報社的期間多少寫過一點報導，這在本書的寫稿上發揮了作用。

報導文章非常注重文字邏輯，這個經驗同樣強化了我的邏輯思考。

所以，即使這是一份超過兩百頁的長篇書稿，文字應該大致上都符合邏輯。這份能力也幫助我在設計新的課程講座時，能夠寫出具有說服力的內容。

不僅如此，因為我常常需要善用文書能力編寫報導，我的日語能力也連帶進步了，這在我從事翻譯工作時相當管用。

意思是說，把英語翻成日語時，日語表達能力也很重要，要是你的母語不夠好，翻譯出來的文章就會變得卡卡的。各位在讀商業書或電腦技能相關書籍譯本時，應該常常遇到卡住或是看不懂的情形吧？這全是譯者本身的母語寫作能力不足造成的。

即使在讀賣新聞社工作了一陣子，我的腦袋依然忘不掉去美國留學的夢想。此時，我終於下定決心「如果三十歲之前去不了美國留學，就放棄留學夢吧」，並且開始每天讀起英文。自我投資四年後，我一樣成功回本，實現了去美國留學的夢想。

其實當初決定要留學時，我只有計畫去兩年，後來因為想一併鍛鍊英語能力，毅然決然地將留學期間延長為三年，並用最初的第一年徹底學習英語。多虧了這多一年的自我投資，加上我在大學時有加修英語教育學程，也有取得英語教師執照，後來才能從事翻譯事業，並且創立了英語教育學校。

此外，因為有了自掏腰包留學的經驗，我也能和有志留學的人做經驗分享。

在美國取得的碩士學位幫助我在日本二度就業。雖然介紹的時候，我通常會說我是工商管理碩士（MBA），但我在留學第二年還攻讀了金融與行銷等專業領域，也有修滿公司內部管理資訊系統（MIS）學程。因此，我這次找的是跟之前的報社資歷相差甚遠的ＩＴ企業公司。

然而，ＩＴ企業裡到處是專業電腦技術人員，我的電腦技能和他們相比，簡直差到遙不可及。

此時，主管命令我去考取電腦技能相關證照，我在不甘願的情況下開啟了電腦專業證照的考試之路，並以此為契機發現了商機，成立了翻譯事業。事實上，當時日本的電腦技能考試相關書籍的翻譯品質相當低劣，我使用了英語參考書才考取證照。

接著，我成立了翻譯事業，把這些參考書翻譯成日語，供日本的考生使用，這份事業現在依然在藍海當中屹立不搖。

這些當初投資在自己身上的錢，全以商業、創業等方式連本帶利地回到我身上。也因為我自掏腰包去美國留學，現在才能提供各式講座內容。

而且，我現在仍在學習。

舉例來說，由於我在美國讀的是針對大企業的商業理論，所以並不熟悉小企業的經營模式。為了讓小企業也能在市場中生存，我仍在持續用功。最近，我學會了Ｍａｃ怎麼用，開始在Podcast上更新節目，也會使用剪輯軟體編輯教材了。

以上就是我漫長的經歷，希望你可以從中了解：

- 你現在的收入來自於過去的累積。
- 大部分的自我投資，都會在幾年後連本帶利地回到你身邊。
- 不趁現在自我投資，五年後、十年後將岌岌可危。

這些就是我從自我投資當中得到的啟示。

總整理

- 打鐵要趁熱，當你覺得「好想念書」時，就是學習動力最強的時期，這時只要專心用功，知識的吸收率會是平時的好幾倍。
- 跟一天讀五小時，卻在一週後半途而廢相比，每天只讀三十分鐘，但是持續了五年的效果要強太多了。
- 三分鐘熱度也沒關係，即使只有三天認真，只要重複五十次，一年就能增加一百五十天的讀書時間。
- 在第一次學習的一週後複習，接著在複習的兩週後做第二次複習，並在第二次複習的一個月之內做第三次複習，是效率最佳的學習方式。
- y（學習成果）＝a（教材及課程品質）×b（專注力）×x^2（學習時間的平方）＋c（過去累積的學習量）。
- 想要有效地吸收知識，就要實際花錢試一試（自我投資）。不願意自掏腰包的人，知識的吸收率也會大打折扣。

● 自我投資一定會在幾年後連本帶利地討回來。

第2章

學習的時間要從哪裡生出來？

學習法 11

不看電視就能多出兩個月的時間？

本章教你如何每天輕鬆生出兩小時。

那就是——**不要看電視**。「這也太簡單了吧！」你也許會生氣，但請容我詳細說明，也請你回答以下三個問題：

一、請問每天看電視兩小時，你能學會想要的技能嗎？

二、請問看電視能幫助你在五年後、十年後成為厲害的企業人才嗎？

三、請問你看電視看了這麼多年，有學會什麼技能嗎？

答案應該都是「不」。三個簡單的問題明白指出：我們很難從電視上接收到有益的資訊。當然，如果是自然科學節目或是經濟趨勢節目，對企業人士來說是有幫助的，問題是，多數人看的都是沒營養的綜藝節目。

人體需要攝取食物來補充養分，你吃的東西是否營養，會影響你能否健康地成長。同樣地，輸入人腦的資訊會成為養分，影響人格與能力的形成。周遭環境的不同，以及輸入資訊的不同，會直接影響一個人的思維想法。

讀書和自我投資輸入的內容形塑了你的思考，並在三十年後、五十年後對人生產生劇烈影響。假如永遠只看沒營養的綜藝節目，十年後當然不會進步了。

你就先當成被騙，先試試看一星期……不，三天不看電視吧。

如此一來，本來那種「好忙、好忙」的感覺會消失不見，你會覺得「兩手空空」，無事可做。

考慮到跟家人之間的關係，你可能不方便關掉電視，但是，你可以趁家人看電視時，讀那些沒讀完的書或專業書籍。

也就是說，當其他企業人士看著綜藝節目哈哈大笑時，你已經在認真磨練自己的技能。只要把過去用來看電視的時間當作自我投資的時間，就不需要犧牲睡眠了。

像這樣，把看電視的兩小時重新分配之後，你可以用一小時學習新技能，用另外一小時來陪伴家人。

即使如此，有人仍會抗拒，覺得「不看電視就沒辦法生活」。好，我們就來計算看看你每年一共浪費了多少生命（時間）吧。換算成數字一目瞭然。

假設你一天至少會看兩小時電視，一年約有五十二週×五天（非假日）×二（小時）就是五百二十小時。如果週末各看五小時的電視，就是五十二週×二天（週末假日）×五（小時），一樣是五百二十小時。平日和週末合計看了一千零四十小時的電視！更別提還有過年和節慶，電視會開比較久。我們就少算一點，先用這個數字下去除。

一千零四十÷二十四（小時），**相當於四十三天！**也就是說，總是喊著「好忙、好忙」的你，一年其實花了將近一個月半在看電視。

再告訴你一個驚人的事實，把一千零四十拿去除以二十四（小時）在現實上是不合理的，因為人平均一天要睡七小時，所以要用一千零四十÷十七（從二十四小時扣掉睡眠時間），答案是……

六十一天！換句話說，一年實質活動的時間當中，有將近兩個月的時間都在看電視，比例占了一年總活動時間的百分之十七。我再換個說法，只要你不看電視，就等於每六年就有多一年的人生（時間）從天上掉下來。

這件事在你剩下的人生裡會持續發生，假設你的壽命為八十歲，一共多出了多少年的時間呢？

舉例來說，現年三十二歲的人活到八十歲，中間還有四十八年。只要這個人沒有看電視的習慣，和其他愛看電視的人相比，人生就多出整整八年的時間。因此，雖然數字上是活到八十歲，但他等於實際上活了八十八年。

只要不浪費時間看電視，就能輕鬆延長人生的實質活動時間，不需要花冤枉錢購買那些保健食品。

我主要是想讓你了解時間的重要性。要完全不看電視可能有點難，但只要少花一半的時間看電視，一年的實質活動時間就能增加一個月。

如何？換算成數字變得很好懂吧？請了解每天花時間看電視是多麼浪費時間的一件事。只要好好控制看電視的時間，很簡單就能騰出時間。把多出的時間用來念書，就能輕鬆打敗競爭對手。

如果你無論如何都要看，我建議先把節目錄起來，等之後再看。看時記得把廣告快轉或是跳掉，六十分鐘的節目就能在四十分鐘以內看完。我都用這個方式來看商業新知節目。

不看電視就能延長壽命!?

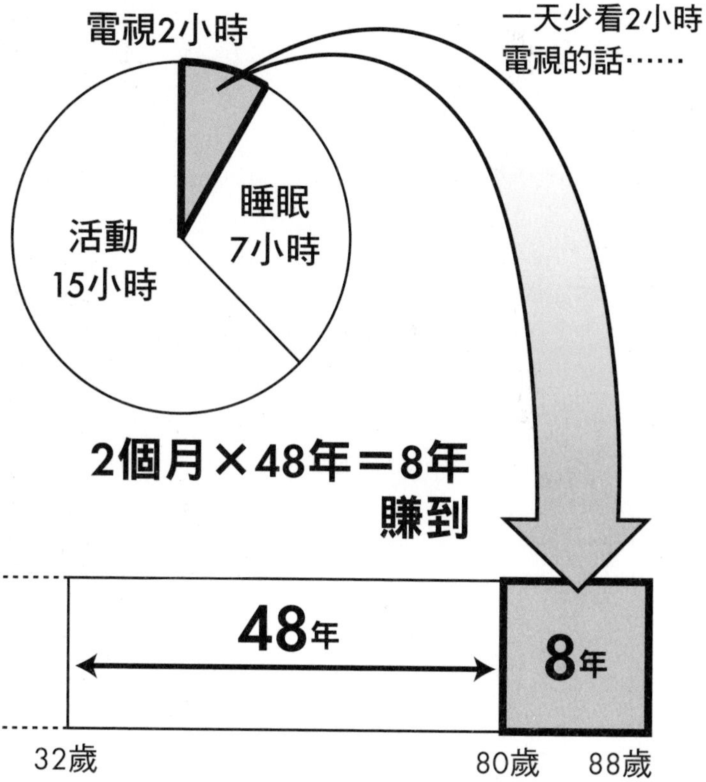
電視2小時
一天少看2小時
電視的話……
睡眠
7小時
活動
15小時
2個月×48年＝8年
賺到
48年
8年
32歲
80歲
88歲

近年，網路已漸漸取代電視節目。假如你沒看電視，卻一直在亂上網，一樣是在浪費生命。請將上網、收信的時間壓在最低限度。

附帶一提，我就是用這個方法，在上班族時期騰出許多時間，除了利用通勤時間看書，回家以後也讀了三、四小時的書。由於我是那種看到電視就會忍不住打開的人，當時家裡甚至沒有電視機。

學習法 12

如何在公司騰出時間讀書？

我剛開始工作的頭四年都在跑新聞，時間真的相當緊迫。後來進入一般企業上班，發現普通上班族普遍效率不佳的原因，是因為很少被時間逼急。許多時候只要俐落一點，便能在兩小時內完成三小時的工作量，這多出來的一小時就是你的學習時間。

所以，每天請盡量用最快的速度做完例行業務，把剩下的時間用來充實自我吧。

通常來說，如果你學的技能跟你的工作相關，同事和主管會睜一隻眼閉一隻眼。如果你仍覺得不妥，請用上班時間完成例行業務，用加班時間來學東西。

任職報社時，我自己買了一台筆電帶去公司，用來練習傳照片，也用來上網搜尋新聞題材，因為和工作有關，從來沒被刁難過。

還有午休時間不需要用到整整一小時，吃午餐只需要三十分鐘，剩下的三十分鐘可以用來念書。若是擔心中午時段「餐廳都要等」，不妨十一點半提早收工，趁著餐廳人少時用餐。

不過，假如你的職場環境不適合當著其他同事的面「收工」，就不要勉強在中午時段擠出時間了。

學習法 13

如何利用時間與同事拉開差距？

假如你跟同事的行為模式一模一樣，五年後、十年後，就會跟這些同事落在同一個位置。

如你所知，公司內部的評價不是絕對評價，而是相對評價。說得白話一點，是在看你是否比其他同事優秀。你若是換了一家公司，看的仍是你是否比這家公司的同事優秀。

你總不會認為「我都跟同事做一樣的事，五年後、十年後就會比他們優秀」吧？

話雖如此，在公司裡與同事和主管打好關係也很重要，如果表現得不太合群，會有打壞人際關係的風險。因此，在公司內部騰出時間用功時，請仔細拿捏程度。

教你一個工作加速的祕訣，就是**先決定要花多少時間處理工作**，告訴自己「我要在一小時內完成這份工作」。

普通上班族沒有這樣的工作習慣，我因為先進了報社的關係，不知不覺練就了短時間內完成工作的技能。早報和晚報都有固定的截稿時間，拜此所賜，三十分鐘後要截稿的東西我就會在三十分鐘內做完，十分鐘後要截稿的東西我就會在十分鐘內做完，快速完成工作的習慣就是這樣來的。

要使工作速度加快，就要提醒自己每天增加一點速度，用這種方式做訓練。表面上，你和大家使用了相同的時間；實際上，你比其他人更快把工作做完，用多出來的時間充實自我。用不到幾年，你和同事的距離就會拉開。

學習法 14

如何在自家和公司以外的地方騰出時間？

許多人應該都有這個困擾：「在家裡的時間孩子太吵，無法專心念書。」如果是這樣，就利用公司的加班時間念點書，或者每天提早半小時至一小時去公司偷念。

這麼做的好處是有桌椅和電腦可用，缺點是可能被同事和主管冷嘲熱諷。

如果你實在不想利用公司的加班時間念書，我推薦去咖啡廳讀。只要投資一杯三百圓的咖啡錢，就有桌子、椅子和電燈可用，搭配第八章介紹的耳塞一起用，就能專心讀個半小時至一小時。

你也許會說：「每天花三百圓喝咖啡，一個月就花了六千圓，太貴了吧。」問題是，一般上班族實在很難擁有自己的書房，就算真的弄出一間書房，孩子照樣會吵得你沒辦法念書，那麼有書房跟沒書房其實是一樣的。

請這樣想，你在咖啡廳花的飲料錢，是**確保時間和場地的租金**。告訴自己：「每個月只要花五千圓左右，就能在自家以外的地方擁有移動書房。」如此一來，就能在自家和公司以外的地方找出讀書時間。

不管你要採用早起、加班還是移動書房的方案，每天只讀三十分鐘也沒關係，重點在於持之以恆。我再重述一次，重點是把它當作習慣，每天都要做一點，不要停。

只要每天能讀三十分鐘，一週五天，持續一年五十二週，一年就會多讀一百三十小時；若是每天能讀到一小時，一年就是二百六十小時。一年讀一百三十小時，相當於一天讀八小時連續超過十六天；一年讀二百六十小時，就是連續超過一個月。但事實上，你只是每天讀了半小時至一小時。好好調整一下，在上班期間擠出半小時至一小時讀書應該不是難事。

學習法
15

如何妥善利用通勤時間？（搭電車的人）

利用通勤時間看書的人應該滿多的，在此傳授幾個利用通勤時間讀書的訣竅。

首先，**新聞快速看重點就好**。意思是說，不要花三、四十分鐘慢慢看新聞。如果你待的產業有自己的新聞報刊（例如建築新聞或財經新聞等），請直接看這些就好，裡面會有比較詳細的業界資訊。

其次，留意一下，你上下班的地點，有辦法移動一、兩站就抵達起點站嗎？如果可以，即使要多花十分鐘，也請繞去起點站搭車，如此一來就能坐著通勤，舒服地看書。

我家附近的車站早上每隔十分鐘就會發車，我只要在月台等十五分鐘，上車一定有位子可坐。還有以前，我需要從地鐵東西線的大手町站搭車回家，但只要往相反方向搭一站，在竹橋站上車，當車子回到大手町站時，幾乎所有乘客都會下車，我有九成機率能坐著回家。購買月票時，可多抓一點錢，這樣就有多移動一站的彈性空間。

還有，搭車時最重要的不是專心用功，而是**思考如何提升今明兩天的總學習效能**。

舉例來說，如果你下班搭車時感到有點疲倦，不妨先睡一下，回家後再讀，知識才能有效吸收。相反地，假如你覺得腦袋很清楚，那就好好把握時間在車上看書，當天晚上提早三十分鐘上床睡覺。

只要能比平時多睡三十分鐘，隔天狀況就會好。如果回家後非常疲倦，就提早一小時上床睡覺，隔天提早一小時起床讀書吧。

也就是說，要做的不是逼迫自己讀書，**保持最佳體能才能有效吸收知識**。

剛開始練習讀書時，我們難免容易把有沒有讀進去擺一邊，過度在意儀式感，所以即使效率已經很差了，仍勉強自己一定要讀。

因為讀書不會立刻看見效果，總覺得不實際翻開書，就沒有「得到知識」的真實感，這些感覺很正常。

如果無法坐著通勤，就認命地站著讀商業書或參考書吧。

多多善用每天的通勤時間，每個月最少能讀四本書。如果通勤單程是四十五分鐘，每個月就讀了三十三個小時（九十分鐘×二十二天），一年多出約四百小時的讀書時間！

利用移動時間讀書的訣竅是：少做毫無產能的事情。

你是否在車廂內看過一些人既不讀書，也不戴耳機用功，只是坐著發呆呢？最近還有許多上班族低頭在玩手機遊戲。

請盡量減少這些毫無產能的行為，充實你的讀書時間。請告訴自己「五分鐘也不能浪費！」，如此一來，一年就會多出許多讀書的空檔。

任職報社的時代，我有幸採訪到當時出任華盛頓郵報日本分局長的湯姆・里德（T. R. Reid）先生，非常佩服他善用時間的方法。

還記得那一天，記者和我抵達里德先生的辦公室時，他在前一刻都在工作。簡單地打完招呼之後，記者說「請讓我一邊採訪一邊錄音」，並準備著錄音設備。準備錄音的時間頂多十秒，就是這十秒讓我吃了一驚。

里德先生竟然分毫不浪費時間，立刻低頭繼續工作，連這短短十秒都不放過！通常來說都會坐著等一下吧。

別說五分鐘，這人連數秒鐘都不浪費。很榮幸能親眼目睹時間運用大師的小習慣。

學習法 16

如何妥善利用通勤時間？（開車、走路的人）

開車或走路通勤時，請少聽廣播節目和音樂，把一部分的時間撥來用功。

美國流行朗讀卡帶和CD做成的有聲書，但在日本尚未普及（此指二〇〇三年至二〇〇七年左右），所以請自己動手做吧。

雖然是很原始的作法，但假設你現在需要考英文檢定或其他證照，不妨使用錄音設備把重要的地方朗讀後錄下來，在移動時聆聽，聽說透過耳朵記憶比透過眼睛記憶更容易記住。聽自己的聲音可能會有點害羞，不過反正只有你自己聽見，沒關係的。

如果覺得「錄音很麻煩」而心生放棄的念頭，請去買現成的有聲教材來用。像我自己就常常一邊開車一邊聽英語會話。

我也習慣把英語CD和商用學習教材放入iPod（現已停產）裡，利用徒步移動的時間聆聽。

為了不讓英語能力退步，我有保持聽英語CD的習慣，商用教材則以小企業的經營學為主。即使走去最近的車站用不到幾分鐘，我也一定會帶著iPod反覆播放。雖然是在移動中「順便」讀書，不像坐在桌前那樣專心，但也是踏踏實實的讀書。

使用音檔「順便」念書有一個好處，就是反覆學習。

同一本書要讀十遍相當困難，但**用耳朵聽十遍一點也不難**。如同前面提過的，知識的吸收需要定期反覆記憶。

只要用聽的，就能在無法有產能的時間進行有效的學習。不僅如此，「順便」這一招也非常適合用來做反覆學習，效率相當地好。

學習法
17

假日如何騰出時間讀書？

當年我為了準備留學考，假日一天都讀超過十小時以上，一般人扣除需要檢定考等特殊目的，假日並不需要花這麼多時間念書。

雖說每個人有個人差異，但基本上假日一天讀兩到三小時就夠了。因為不用上班，稍微調整一下，就能在實質活動時間的十七個小時內撥出兩到三小時進修。

不要把學習想得太嚴肅，讀一讀那些還沒看的書也很好，舉凡所有能提升自我的生產活動，通通都算念書。

如果目標是兩到三小時，早上可以稍微晚起一點，在下午兩點之前讀約一小時，接著自由活動到晚上八點，在晚上十點以前再讀約一小時，這樣就能讀滿兩到三小時了。

若是家裡人多，請和家人做好協調。如果家裡有幼童，就在小孩醒來前及睡著後集中效率讀書吧。

學習法 18

為什麼「最好要當晨型人」？

雖然每個人都有差異，但一般來說，晨間的讀書效率會比較好。

原因在於干擾和誘因比較少，就算電視開著也沒有能看的節目。相反地，晚上除了電視節目豐富之外，還有電話、聚餐等其他誘因妨礙念書。

此外，也有一些人覺得早上的時間過得比較慢。

雖然沒有科學證實，但在我漫漫的學習路上，同樣認為**早上的時間過得比較緩慢**，一樣是一小時，我卻覺得早上的一小時有晚上的一小時半那麼長。因此，如果你能清晨四點半起床，花兩到三小時讀書和工作，就能解決掉當天必須完成的大部分學習進度及工作進度。

請當作是被騙，試試看早上起來讀兩小時，並跟夜間的兩小時比較看看，應該能感受到學習的速度明顯不同。如果感覺到早上的學習效率比較好，我建議你，慢慢將生活作息調整為晨型人的作息，這樣無論在做事還是讀書上，都會比晚上做起來快速有效。

我也是在美國留學時，培養出每天晚上十點就寢，清晨大約四點半左右起床的習慣。

總整理

- 只要不看電視（包含無意義的上網），一年就會多出兩個月的時間。
- 讀書需要的工具公司裡都有，因此請每天提早半小時至一小時上班，或是利用咖啡廳當作讀書空間。
- 單程通勤時間若能讀上四十五分鐘，一年就能增加四百小時的讀書時間。
- 移動時間（開車、走路）請「順便」讀書。
- 將生活習慣切換為晨型人，利用早上讀書效率比較好。

實踐者心聲 1

工作上，我採取了「這份工作要在〇小時內做完」的方法，大部分都如期完成。我把多出來的時間拿來鍛鍊技能，每天成功湊出三十分鐘來讀書。

日積月累後，我學到了更多工作上必要的知識。同時，也實際感受到這樣的累積必須每天執行才有效。

自從減少看電視的時間後，我多出了時間陪孩子遊玩及陪伴家人。此外，我也了解到想睡時不需要勉強用功。以前我常常晚上結束工作以後強迫自己讀書，吸收效率真的很差。

昨天沒讀到的份，我會利用早上搭車的時間補回來。不知道是不是跟電車的搖晃頻率有關，我在車上的吸收效率特別好。不僅如此，我也學會了有計畫再行動。

東京 讀者A

第 3 章

如何集中學習注意力？

學習法 19

「舒服」是專心讀書的必要條件？

有時下班回家想要專心念個書，卻因為身體流汗黏膩不快，怎麼樣也無法集中精神。這時候請先洗個澡，神清氣爽後再來讀。我也是回家時腳不清爽就無法專心的人，所以回家第一件事常常是洗腳。

同樣的道理，想睡、肚子餓等，全部都會妨礙念書。若是房間的溫度不舒服，或是噪音超過可容許的範圍，一樣是不理想的讀書環境。這些外在因素會使你分心，效率嚴重下滑，因此，請盡可能打造一個生理感受舒適的讀書環境。

這也是從過去的經驗學來的。

當年為了拚留學考，我常回到家便急著坐到桌前用功，卻發現自己不斷分心。「為什麼呢？」然後，我終於找出原因了，是生理感受不舒適造成的。攝影記者是重勞動，身上總是流了很多汗。

在不專注的情況下勉強用功是不明智的——我在留學期間再次印證了這個想法。

我發現，人在「想睡」等精神渙散的情況下硬逼自己讀書，知識幾乎無法吸收，這麼做簡直白白犧牲了時間和勞力。

於是，我不停思索：「到底該怎麼做才能有效吸收知識呢？」最後得出一個結論：「精神專注時趕快讀，精神不濟就不要讀。」為此，保持生理上的「舒服」是必要條件。

學習法

20 專注力可以維持多久？

人類的專注力通常無法維持太久。

我自己的情形是，**最多三十分鐘**。沒有讀書習慣的人，很容易在專注力用完時仍勉強去讀，讀得心不甘情不願。這種感覺持續久了，大腦就會建立以下情緒連結：

讀書＝不甘願、忍耐、不快。

即便你逼自己用功的出發點是好的，長期下來，這種不甘願的感覺會成為妨礙你持續學習的最大阻力。因為，你會變得討厭讀書。

大腦的行動模式很單純。

一、迴避痛苦；

二、得到快樂。

不甘願的念書，大腦會感受到痛苦，並且發出「不要讀」的指令以迴避痛苦，使你無法一直用功。

附帶一提，讀書效力最好、精神最專注的時間因人而異（儘管我個人比較推崇晨型人）。

有些人早上最專注，有些人要到深夜才能專心，只要持續用功一陣子，你就能找到屬於自己的黃金時間，在這段時間排定讀書計畫，徹底避開效率不好的時段，把時間拿來自由從事興趣，或是拿來做不需要專心的事情吧。

我自己是假日下午一點到五點的時段完全不想念書。

學習法21

如何有效地休息充電？

為了避免大腦建立連結「念書＝痛苦」，定期休息是非常重要的一件事。我自己習慣反覆讀三十分鐘、休息十五分鐘。每個人請視自己的情況調整，想要讀十五分鐘、休息十五分鐘也ＯＫ。甚至，假如你是人生頭一次想認真讀書的初學者，先從讀十五分鐘、休息四十五分鐘開始也完全ＯＫ，請先抓比較短的學習時間，將「短時學習↓休息」視作一個基礎循環，重複個兩到三次，如此一來，就能輕鬆讀滿一、兩個小時。

是的，重點就是**趕在注意力渙散、開始討厭讀書之前，先中斷（指暫時性的）讀書**。

因為很重要，請容我再強調一次。

一旦對讀書產生厭惡的感受，接下來想要慢慢讀上好幾年會變得窒礙難行。

為了避免這種情形，請趁精神好時衝刺，並在「快要開始」煩躁前果決地中斷，這才是能否持續好幾年、養成學習習慣的竅門。

不要等到討厭了才休息，請在**還沒討厭時休息**。

你知道我是怎麼發現的嗎？

在日本，大學一堂課基本上是九十分鐘，從前的我因此以為人的專注力也大約是九十分鐘，所以用這個節奏來準備留學考，結果卻怎麼樣都無法專注超過三十分鐘，起初還以為是自己耐性差，為此感到很焦慮。

但是，有天我突發奇想：「也許不是我的問題，而是人的注意力本來就無法集中太久？」然後，我做了許多實驗，證明了我的猜測。

與其勉強讀一小時，然後累到休息三十分鐘，重複「讀三十分鐘↓休息十五分鐘」，重新翻開書的疲勞感少了許多，「念書＝痛苦」的感覺也消失了。

道理很簡單。假如眼前有一份辛苦的工作，要你連續一直做一定受不了，但如果是每做十五到三十分鐘就休息一下，似乎就能慢慢撐下去。

極限登山家野口健先生曾在接受電視採訪時說過：「登山的訣竅是頻繁地短暫休息。」也就是在疲勞之前先休息，才能維持長時間的登山，讀書也是一樣的道理。

讀書＋休息＝請自由搭配成一組！

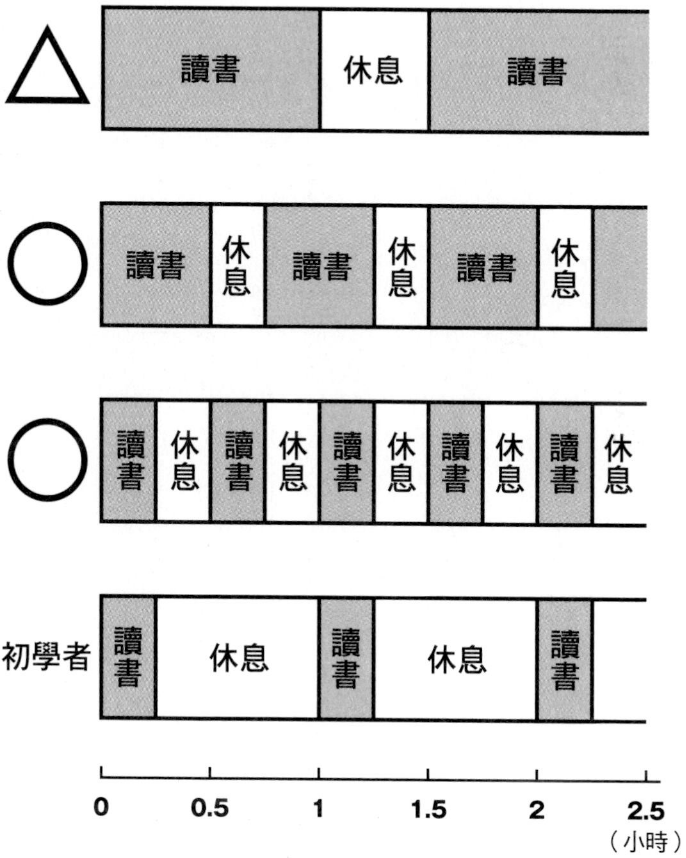

學習法 22

休息時間的意外妙用？

我常利用休息時間做其他閱讀。你也許會問：「休息時間也用來看書，腦袋不會沒休息到嗎？」但是，一樣都是看書，只要科目類別不同，或是輸入的資訊種類不同，大腦用的地方就不一樣。

簡單地說，數學讀累了，不表示所有東西都讀累了。只要變換所讀的科目，像是趁休息時看一點理化，就能輕鬆地接下去。

因為我經常一邊念書，一邊趁休息時間看別的書，學習和閱讀的效率才能飛躍性提升。

聽說有些兼職作家同時擁有兩張桌子，一張用來寫小說，當寫作不順利

（或是厭煩）時，就去另一張桌子做其他工作。等其他工作做累了，再回來寫作桌繼續小說創作。

這證明了只要輸入、輸出的資訊種類不同，大腦就不會累積疲勞。

所以，你就當作是被騙，趁著休息時間把沒看過的書翻開，讀個十五分鐘看看。若能有效善用學習的休息空檔，一個月就能輕鬆解決一、兩本書，你再也不能用「忙到沒時間看書」當作藉口。

記得我在美國留學時，也是利用瑣碎的休息時間，看完了從日本帶去的司馬遼太郎的書。生活在只有英語的世界裡，日文小說為我帶來相當放鬆的時光。

學習法 23

長時間讀書的訣竅在哪裡？

讀完前面的章節，你可能會誤以為「只要變換學習科目，人就能不會累地連續讀上好幾個小時」，事實上並不是。人只要連續讀好幾個小時的書，一定會對念書本身感到疲乏。根據我的經驗，煩到不想念有以下三個原因：

一、讀膩同一個科目了；

二、坐膩同一個位置了；

三、兩者都有。

當你開始感到「專注力下滑」、「有點煩躁」時，**請立刻中斷念書。**

心不甘情不願地繼續讀，不但知識無法吸收，還會使大腦建立「念書＝痛苦」的連結，使你變得討厭念書，簡直得不償失。以下教你這時候該怎麼處理。

如果是「讀膩同一個科目了」，請先按照前面所說的，換讀其他科目。如果是「坐膩同一個位置了」或「兩者都有」，你若是住家本身空間夠大，可以換一個房間讀。

我的話則會改去咖啡廳、家庭餐廳或圖書館。在外面只要點杯三百圓左右的飲料、戴上耳塞，就能讀上一小時。要是在同一個地方坐累了就立刻暫停，改去其他咖啡廳或家庭餐廳，如此一來又能讀上一小時。用這種方式輕輕鬆鬆就能讀上一、兩個小時。

也許有人會想：「又要花錢？」但是，與其悶在家心不甘情不願地讀，效率低落不說，中間還會被打擾，僅僅投資三百圓，就能換來「順暢和平」的學習時光，我認為很划算。

為了確實地把書讀進去、得到學習效果，我很樂意在咖啡廳和家庭餐廳消費。

從腦科學的觀點來看，「讀膩了」恐怕是大腦發出的警訊。

人體的結構相當精密，不管你再怎麼愛吃蛋糕，吃多了血糖就會上升，超過一定的量你就不想再吃了。還有，泡澡雖然很舒服，但是泡久了體溫會上升，你會想趕快出來。

同樣地，「讀膩了」也是大腦發出的警訊，意思是「資訊超載，大腦無法整理，請中斷學習」。所以，我們應該老實傾聽大腦發出的訊息，開始感到煩膩時便中斷學習，這才是聰明人的作法。

學習法
24

欲振乏力時該怎麼辦？

只要持續用功一陣子，一定會面臨「最近不想努力了」、「想念書卻提不起勁」的反彈期。別擔心，你遇到的情形每個人也都會遇到，欲振乏力很正常。當年為了拚留學，我常在假日狂讀十小時，也是每隔一陣子就會覺得「不想再看到書了」、「沒心情念書了」。

遇到反彈期時，許多人都會勉強自己繼續苦撐，實際上卻無法專注，導致學習效率低落。

這種時候，我給你的建議是：**狠下心來，兩、三天都不要碰書**。等到第三天、第四天，內心就會開始慌張「慘了，最近都在打混，這樣下去無法達成中期目標」，自然而然就會重拾書本。

請想像一下鐘擺。假設你現在非常用功，使鐘擺來到九點鐘的方向，接著再一口氣將鐘擺推往三點鐘的方向。作法就是完全不碰書，去看看電影、吃吃東西，徹底放鬆休息。

有趣的是，有訂立讀書計畫的人，在短暫遠離書桌之後，往往會自然而然地找回幹勁。

這就是「鐘擺原理」，透過遠離用功的方式，鐘擺被你推往三點鐘的方向，並且自然地盪回九點鐘的方向，回復到有幹勁的狀態。

然而，多數人提不起勁時，仍會因為害怕進度落後而不乾不脆地休息，使鐘擺盪到五點鐘的方向，卻無法真正找回學習動力。等到真的必須用功時，又心不甘情不願地開始讀。我以前也經常這樣，所以非常了解這種惡性循環。

比較好的作法是讓鐘擺盪去三點鐘的方向，心裡也要告訴自己「先不要念了」，如此一來，接下來就會自然地因為進度落後而緊張，發自內心重拾學習動力。

欲振乏力時，
請豁出去用力休息！

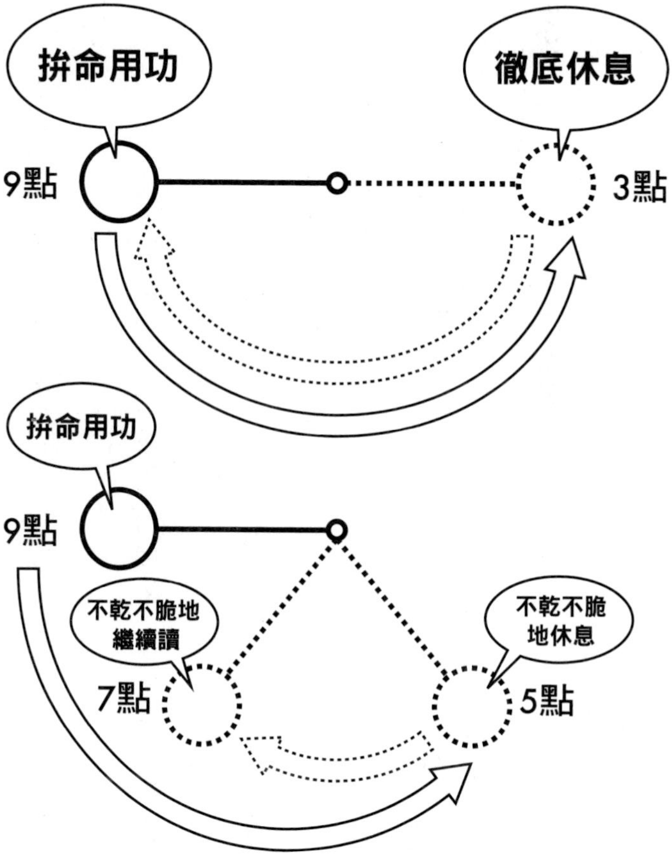

總整理

- 請將「短時用功（三十分鐘）↓休息（十五分鐘）」視作一個基礎循環，重複兩到三次為基本。訣竅是在注意力渙散、開始煩躁之前中斷學習。
- 長時間用功時，發現自己「專注力下滑」、「開始厭煩」便趕快停止。
- 長時間用功一定會遇到「最近不想努力了」、「想念書卻提不起勁」的反彈期，這時請徹底休息兩到三天都不要碰書，有確實訂立目標計畫的人，自然會因為「鐘擺原理」而重拾動力。

第4章

短期衝刺型學習法 vs 長期規劃型學習法

學習法 25

短期衝刺的訣竅在哪裡？

有些人因為報名了技能檢定，有考試時間壓力，無法每天悠哉地慢慢讀，所以必須使出短期衝刺法。我自己在二度就業時，也曾面臨必須在兩、三個月之內考取執照的時間壓力。

這種時候，千萬不要等考前才來衝刺，訣竅是**越早開始準備越好**。假設十二月有一個檢定考，許多人常常要拖到考前三個月——也就是九月才會開始讀，這個心態本身就是不對的。你想想，假如最後因為準備不足需要重考，最後還不是得花上更多時間？

所以，請及早開始準備，並以一次通過為目標，整體來說效益才好。

如果你必須在短期之內看見成績，每天只讀一點點的方法就不適用了。請切換為考前衝刺模式，平日最少讀上三小時，假日最少讀上八小時，這樣才能看見效果。短期衝刺的訣竅是：生活當中的所有重心，都要以讀書考試為主。

換個說法就是：跟考試無關的事情少做一點。

看報紙對考前衝刺有幫助嗎？沒有，那就不要看。同樣的道理，同事約的酒聚少去一點，電視更是完全沒必要看。請把騰出的時間通通拿來做考前衝刺。雖說偶爾喘口氣也很重要，但是想在短期之內看見成果，這段期間就得拚一點。

請善用之前教的方法，有效利用通勤時間和假日來念書。當然，你一定會很辛苦，但試想，世界上有哪一個具有高度公信力的檢定「很好考」呢？

正因為有難度，才有考取的價值，及格時才會興奮，不是嗎？

學習法 26

短期衝刺容易失敗的原因是什麼？

我的其中一項工作，是針對職場需求及社會人士的留學計畫提供諮詢。有時，我會遇到這樣的人——

每當我提出建議「請儘早釐清留學方案，排定讀書計畫」，這種人總愛把「現在開始太早了啦，我要被逼急了才能專心衝刺」掛在嘴邊。每次聽到這種歪理，我都心想「這個人就算成功出了國，最後也會以失敗收場」。

會這樣說的人，似乎把留學誤以為是日本的大學考試了，他們就算在托福（TOEFL）考到目標成績，也不會花時間學習真正能用的英語會話。

我想表達的重點始終是那一個。

如同我在前面的說明，學習的成功與否，取決於時間的長短。這種人最大的問題是不看重寶貴的時間，還說「被逼急了才能專心衝刺」。我不懂，為什麼不把時間當成盟友呢？

我再換個說法，既然都要擬定讀書策略，為何不乾脆早點開始，增加成功的機率呢？

我在前面也寫過，如果考試因為準備不足而失利，不是得花更多時間精力重考，甚至要到好幾年以後才能實現留學計畫嗎？更別提連門檻都過不了，最後放棄留學的案例比比皆是。到頭來，浪費時間吃虧的是自己，不是嗎？

跟我後面會介紹的長期規劃型學習法相比，短期衝刺型真的比較累，無論在體力上還是讀書的強度上都很吃緊，有時還得犧牲睡眠時間。

所以，只要你還有時間擬定長程計畫，請一定要把握時間提早開始，才能確實增加成功的機率。明明還有時間，卻放任時間流逝，等死到臨頭才來抱佛腳，增加失敗的風險，實在是不智之舉。

學習法 27

如何學我善用長期規劃型學習法，一圓出國夢？

長期規劃型的學習法和短期衝刺不一樣。短期衝刺是因為時間有限，不得不在一天之內多看一點書。當然，對精神、對體力造成的負擔也比較大。

與之相反，長期規劃型的**訣竅是減少每天的學習量，就算少到讓你懷疑「一天只讀這樣真的好嗎？」也沒關係，重點是每天都要持之以恆。**

這是我從實際經驗得來的心得。

剛開始拚留學考時，我因為急著在「三十歲前出國念書」，每天都想要多讀一點。然而，連續超時念書約莫維持了四、五天，我就會因為睡眠不足，導致接下來的兩、三天完全不想碰書。反覆幾次之後，便因學習進度落後而沮喪。

歷經無數次的失敗後，我忽然靈機一動：「也許每天只讀一點點，但是不要中斷學習，整體效率比較好？」接著，我做了簡單的計算。

假設我每天平均讀四小時，一週連續讀了四天，然後因為過度疲勞，接下來的三天完全沒碰書，這樣一週平均下來讀了十六個小時。

另一種作法是一天讀三小時，減輕一小時的負擔，但是可以連續讀六天，這樣一週平均下來讀了十八個小時，讀滿七天的話就是二十一個小時。

我這才發現，在不為自己的精神、體力帶來負擔的情況下，每天踏踏實實地讀一點，累積起來的總讀書量是比較多的。此後，我改將每天的讀書量控制在不給自己帶來負擔的範圍，並且盡可能做到每天不中斷。

簡單來說，就是將讀書時間平均化。除此之外，我也把讀書計畫表調整得比較輕鬆，這部分會在之後說明。

我在前面的章節也提到過，跟短期衝刺相比，在時間允許的情況下將學習計畫拉長是比較好的策略。長程規劃型學習法的好處就是減輕負擔，使讀書能夠化作長期習慣，增加考試及格、目標達陣的機率。

附帶一提，我不會特別安排日程寫作。我把長期規劃型學習法應用在寫作上，每天督促自己寫一頁稿。

一頁聽起來或許很少，但只要一年連續寫二百五十天，就有二百五十頁的稿子。我就是運用這種方法，現在依然維持著寫作和寫部落格的習慣。

28 學習的路上難免遇到什麼情緒？

許多人因為承受不了某種情緒，放棄了持續數個月到數年的學習計畫。這個敵人到底是什麼呢？

答案是「孤獨」。讀書通常需要獨自一人集中精神，就算能呼喚三五好友一起讀，多數時候仍需自行努力，否則無法專心吸收。

不只讀書，從事創作活動的人也要與孤獨為伍，否則無法完成好作品。不論是作家司馬遼太郎，還是藝術家畢卡索，沒有人是跟朋友一邊玩鬧一邊創作的。

短期衝刺型學習法如此，長期規劃型學習法也是如此，只要你有學習目標，多多少少都會在奮鬥的過程中感受到孤獨。即使身邊有人替你加油，讀書的時候必然是孤獨的。所以，假如你有遠大的抱負，請先做好孤軍奮戰的心理準備。

我非常了解這種感受。為了出國留學的那四年，以及實際出國留學的那三年，我時常與孤獨為伴。有趣的是，這種感覺在專心念書的當下感受不到，往往是在前後的休息時間會突然出現。

對應的方法是：明確列出讀書的動機及目標，知道自己這麼做是為了考取執照、為了出國留學，如此一來就能咬緊牙關，好好與孤獨相處。

我再說得絕一點，你若是連一點點的孤獨都不能忍，乾脆別讀了，去跟朋友玩樂吧。**當我們從學校畢業的那天起，就不會有人逼你「快點去讀書」了，**想不想學是自主的。

總整理

- 想在短期衝刺後看見成績，請及早著手進行，不要等到被逼急了才開始。
- 短期衝刺的期間，生活重心請以讀書為主，無關的事情不要做。平日必須讀上三小時，假日必須讀上八小時。
- 長期規劃型則要「盡量減少單日的讀書量」，以每天讀一點點為最高準則，重點是積少成多、持之以恆。
- 學習的路上必然是孤獨的。列出明確的學習目標，能幫助你與孤獨為伴。

實踐者心聲 ②

我報考了某項檢定（也是別人建議我考的），但在連續狂讀兩個月之後累到動不了，重複考了好幾次，最後都以失敗收場。雖然很丟臉，但知識多少有慢慢累積，成績也有逐漸提升。

為了參加考試，我讀了好幾本「學習法」的教學書。

書上教我「堅定意志讀下去」、「找出明確的動機」，我也照做了，實際上卻不順利。除此之外，我還參考了各式各樣的方法，但總覺得漏掉了重要的資訊。

就在這時，我讀到了《不做輸家的學習法》，終於發現自己遺漏了什麼。這本書明確地指出「把今天要做的事情寫起來，放在看得見的位置」、「只讀三天就休息不可恥，但第五天一定要恢復用功」，內容相當具體，而且是針對沒有讀書習慣的人所寫的，對我來說獲益匪淺。

仔細想想，之前看到的「學習法」都是針對「有讀書習慣的人」所寫的，裡面遺漏了一般大眾最需要的「培養讀書習慣的方法」。而《不做輸家的學習法》的內容「彷彿為沒有讀書習慣的人量身打造，從小事到大事都寫得一清二楚，防堵了各種可能導致學習中斷的因素」，許多地方都值得我參考。因為打從一開始，我最想知道的就是「如何培養讀書習慣」。

果然，讀書無關聰明才智，重要的是如何將學習化作習慣，先從決定每天的小目標開始，再一點一滴地完成它，不要中斷。這麼棒的學習法，之前竟然沒人教我。也可能是有些人說得太抽象，我聽不懂。總之，一次衝太多最後會彈性疲乏，我決定以後都要每天讀一點，用這個速度慢慢前進。（部分摘錄）

愛知 讀者W

第5章

有心學好英語的人，如何真正學會英語？

學習法 29

為何英語讀了這麼久，還是學不好？

持續學習的人裡面，應該有不少人是在學英語吧？特別是近年，跨國企業和國際企劃越來越多了，學英語的需求只會增加不會減少。但是，我們必須正視眼前的問題：多數人英語學了好幾年，仍因英語能力不足而煩惱。

我也跟各位一樣，曾為了英語怎樣也學不好一個頭兩個大。我雖然在日本的托福（TOEFL）考試考出了高分，實際飛到美國時，才驚覺自己的英語能力在當地並不管用。

究竟有多慘？我連看電視連續劇和新聞都一知半解，即使努力開口說英語，外國人也聽不懂，英文報紙也是有讀沒有懂。

因為在當地有過痛苦的經驗，我決定不再為了考英語檢定而讀，我要做的是學會真正的英語。

經過了一番努力，我終於看懂美劇和新聞，能用英語與外國人溝通了，現在甚至能輕鬆讀些需要用到專門知識的英語財經雜誌。

不僅如此，回國之後，我人生第一次考多益（ＴＯＥＩＣ）就考出了九百八十分，現在更創辦了英語學校，成為少數能矯正日本人英語發音的指導者。

詳情請參考我的前一本著作《沒上過英語會話班的人更有機會進步》（英会話学校に行かない人ほど、うまくなる，暫譯），我會在本章簡單為各位說明：

一、學不會英語的問題出在哪裡；

二、解決對策。

希望能為大家指點迷津。

學習法 30

學不會英語的問題出在哪裡？①

因為讀錯方向了。

讀英語的範圍很大，不過一般人所說的「學英語」，通常泛指英語會話。問題是，多數人都認為「我學英語會話學了很多年，還是無法開口說英語」。其中最大的原因是**讀錯方向了**。

讀錯方向是什麼意思呢？我喜歡用釣魚來比喻。

請想像你正在釣魚。釣魚時必須注意一件事：不同的魚棲息在不同的「水層」，說穿了就是不同的水深。魚喜歡待在舒適的溫度，並配合天氣變化，在不同的水層移動。

假設當天戶外氣溫低，水溫也偏低，有一種魚會來到溫度較高的水深一公尺正負二十五公分左右的位置待著。這隻魚主要棲息的五十公分左右的範圍，就是牠的「水層」。我們假設當天氣溫較高，水溫上升，這隻魚便會躲到水深三公尺正負二十五公分左右的位置棲息。

所以，如果你想在炎熱的天氣釣到這隻魚，就要瞄準水深三公尺處，而不是呆呆地將魚餌垂掛在水深一公尺處。因為魚不在那裡，不管你釣再久，當然都釣不到魚。

同樣地，許多人在學習英文時弄錯了水層。他們不是「學半天依然學不會」，而是沒有找對範圍。

無論升高中、考大學，還是參加多益、托福等英語檢定，出題範圍的英語都是比較深的英語。簡單來說，就是偏難的字彙，例如abandon「放棄」或是postpone「推遲」等。

但是，英語圈的人平時使用的是更簡單的英語，對話的句子多半是由be動詞、take、get、make等簡單的字彙組成的短句。

所以，即使勤背英文單字和成語，或是重新研讀英文文法，你的會話也不會進步。即使在多益、托福或英檢取得高分，依然學不會在當地能用的英語。這是當然的，因為讀的方向完全偏掉了。

英語圈的人平時說話不會咬文嚼字，不會使用那些文縐縐的單字，但多數英語學習者卻一直在學那些不實用的字彙。

我過去也是這樣子，空有托福的高分成績，在當地卻無法與人對話。察覺問題之後，我改變了學英語的方向。初學者可能還無法區分範圍，等你的英語稍微進步了，就能自行分辨方向。

品酒也需要鍛鍊，想要知道一杯酒是好是壞，不先多喝一點訓練舌頭，是品嚐不出差異的。

我學習英語的時間，恐怕比在座多數的讀者都要長，所以知道哪個程度的學習者要在哪個程度的範圍內學，才能夠得到最好的成效。而大部分的初學者和中級者還不能自行分辨適合的學習範圍，所以常常覺得學習效果不如預期。

「讀錯方向」就如同釣不到魚！

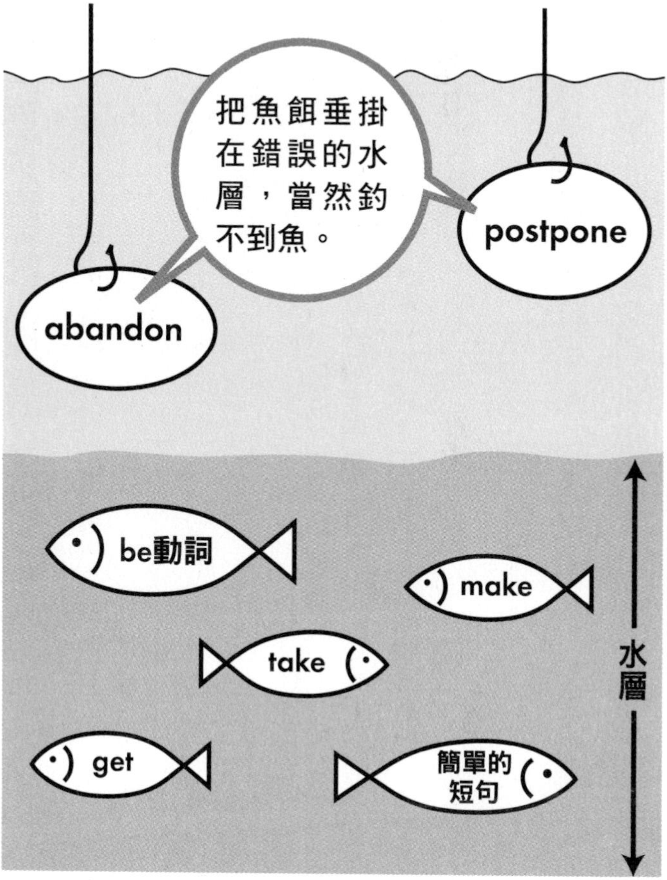

學習法 31

學不會英語的問題出在哪裡？②

因為學習量遠遠不夠。

「我去上了一年的一對一英語會話教室，英語會話還是沒進步。」不少人因為類似的問題來找我商量。有趣的是，無論這些人上的是一對一教學、美籍老師授課，還是學費昂貴的英語班，英語沒進步的原因都顯而易見，就是**學習者本身的學習量遠遠不夠**。

「你在英語班學會話的基礎時間大概是多長呢？」我通常會這樣問，回答是：「一星期去一次，一次四十分鐘。」我繼續問：「上課的時間以外，你還有自己練英文嗎？」此時幾乎全員都跟我說「沒有」。光憑這麼一點學習量，本來就不可能學會英語。如果只是去上上課，幾乎等於沒在學英語。

我們來實際計算一下吧。

一星期上一次課，一次四十分鐘，一共上了一年（五十二週），你認為自己學了多久的英語呢？答案是：**只有三十四個小時**。你只學了這麼少的英語，怎麼會認為自己能夠學會英語呢？

恕我直言，一年僅僅三十四個小時的輸入量，連「學習」都沾不上邊，只是在遊玩。從我為數不少的英語諮商經驗看來，那些聲稱自己「有在學英語」的人，約有八成人是玩票性質。他們不是真心想學會英語，只是把學英語當成趕流行的配件罷了。

我會在後面詳細說明，這邊先告訴你：如果想用相對時間比較短的一至三年左右看見成果，一年至少要有七百五十小時的學習時數才行。

學習法 32

有心學好英語的人，該如何學英語？

會話篇

為了避免讀錯方向，我強烈建議學習英語會話時，**多背一些英語圈人士常用的實用短句**。

有些人可能對於「死背」持否定看法，問題是，你若連最基本的句子都不會，要怎麼跟人用英語溝通呢？

不擅長英語會話的人有一個特徵。

他們習慣在腦中把自己想說的話「從日語翻成英語」，再把「聽到的英語翻成日語」，所以，短短數秒的對話時間，他們得忙著在腦中不停翻譯。

如果必須仰賴翻譯，是**不可能跟上對話速度的**。

這時只有多背一點慣用句才是唯一解方。

只要把基本句子背起來，就能省下在腦中把日語翻譯成英語的轉換時間，記熟之後，多用就對了。

舉例來說，你只要記得「和我無關」的基本句型是I have nothing to do with it.，至少就知道到I have nothing to do with～這邊為止要怎麼說，遇到時不會忽然間卡住。

如果要說「這起意外和我無關」，只要把最後的it改成the accident就行了。記住基本句型之後，你就能迅速說出I have nothing to do with the accident.這個句子。

我們來看看沒有記住基本句型的初學者會怎麼做。

一、在腦中構思「這起意外和我無關」的日語；

二、在腦中搜尋需要用到的英文單字；

三、思考英文句型；

四、翻譯成英語說出來。

很麻煩吧？因為必須先在腦中搜尋單字和句型，所以需要花四、五秒才能說出英語，最慘的情形是想不出英語要怎麼說。

那麼，我們要去哪裡記住英語圈常用的句子呢？去找家庭喜劇類的美劇來看就有了。我在留學時看了很多家庭喜劇，從中記下了非常多的實用句型。

比方說，你知道She's really into it.是什麼意思嗎？是「她著迷於某樣事物」的意思。

這麼簡單的一句英語，你認得裡面的單字也知道文法，卻無法正確掌握意思，原因就出在我前面說的——「方向讀偏了」，因為我們一直在錯誤的水層打撈的關係。

先記住常用句子，就能即時應用！

●有背句子的人

「和我無關。」
I have nothing to do with it.

「這起意外和我無關。」

I have nothing to do with the accident.

●沒背句子的人

日語　「這起意外和我無關。」

單字　I…the…accident…

句型　S+V+O? S+V+C?

英文　?

無論是大學考試，還是多益、托福等英語測驗，裡面的單字都太深了，無法應付日常對話。你根本沒聽過這些句子，當然無法說出口了。

日本有出不少美劇DVD，裡面我特別推薦大家看情境喜劇《六人行》（*Friends*）。《六人行》圍繞著住在紐約的六個男女好朋友身邊發生的大小事情，在美國是家喻戶曉的國民連續劇。

等習慣之後，請多試試用英語自言自語。善用這些從美劇中學來的句子，假裝自己是實況節目主持人，把眼前的事物用英語說出來。我稱之為「實況轉播會話」。

閱讀本書的人，應該大部分都是上班族吧，裡面應該有人會說「我需要的不是家庭常用的會話，我要學商用英語會話」。

我在前一本書中也寫過，商用英語會話除了專門用語多一點之外，其他句型跟日常英語會話幾乎一模一樣，一般人卻不知道這件事。

我倒想問問，你平時說的日語跟洽商時說的日語，是兩種不同次元的日語嗎？社會新鮮人就算再怎麼不熟悉商業用語，也不會在第一次洽商時說不出日語吧？

再分享一件事。日前，我報名了主打商用英語的某知名英語會話班的免費體驗課程，悄悄詢問英籍老師：「所謂的商用英語，除了有些專門用語之外，和一般的英語會話沒有太大的差別吧？」那位老師先比出「噓——」的動作，接著老實回答我：「是的，只是大部分的日本人都不了解這件事。」

聽力篇

●先記住基本句型

剛剛提到的基本句型，在聽力上也非常管用。以下為你舉例說明。

一、熟記基本句型的中級者；

二、英語會話的初學者。

給這兩種人聽同樣的十個句子（合計七十個單字）組成的英語會話十五秒，想要聽懂大部分的句子，就得在一・五秒內理解一個句子的內容。

中級者因為已能掌握大部分的句型，所以可輕鬆聽懂七個已經學會的句子。也因為不需要花時間在腦中做語言轉換，可以**直接從英語理解語意**。剩下的三個句子只要專心聽，即能掌握大部分的對話內容。

而初學者會比較辛苦，由於腦中沒有內建基本句型，所以得在一・五秒之內，在腦中翻譯一個句子（平均七個單字）才能理解內容。我們先假設他每個單字都有聽清楚，沒有遺漏好了。

問題來了，請問這些初學者能夠聽懂對話內容嗎？

答案是：幾乎不可能。

所以，請先回到前面的步驟，多看一點美劇，等記住多一點的慣用句後再來試。

●Listening & Seeing

我在前作中提出了「Listening & Seeing（有註冊商標）」訓練法。簡單來說，光聽英語學聽力並不容易，尤其對初學者來說特別困難，這也是許多人放棄的一大原因。

因此，我強烈建議一邊看美劇，一邊搭配Listening & Seeing的方式來學英語。

DVD可以顯示英文字幕，請在英文字幕有開的狀態下，一邊看美劇，一邊訓練聽力。如此一來，就算有漏聽的單字，也能透過字幕來補足完整的句子。

我在美國留學時，英聽能夠突飛猛進，有很大一部分要歸功於每天徹底實行這套Listening & Seeing訓練法。

●學會發音

自己不會發的音，耳朵就會聽不清楚。

這是真有其事，不是我亂說的。我在前面也說過，我剛去美國時，連電視新聞的一半都聽不懂。事實上，我會下定決心要矯正發音，是因為在英文作文課被教授嘲笑。

當時我被點名起來回答問題，卻因為發音太差，被教授說「你說的英語我完全聽不懂」。請注意，日本腔太重的英語，外國人是聽不懂的。

因為有了如此不堪的回憶，我開始上英語發音課，才驚覺之前聽不懂的電視節目和新聞，竟然突然都聽得懂了！

學會正確的英語發音後，要區分每個音也變得十分簡單。

證據就是，我設計的英語發音課程，有效幫助學生在十五分鐘以內區分日本人容易搞混的發音。成功的原因不是聽力進步了，而是發音進步的關係。只要能聽出單字，就能掌握句子的脈絡。

例如談論選舉時，你聽到的vote一定是在講投票或是投票權，絕對不會是發音相似的boat（小船），對吧。

因此，不擅長聽力的英語學習者要做的**不是更多的聽力訓練，而是發音訓練。**

●簡便發音

英聽不好還有一個原因：不熟悉英語的簡便發音所致。

什麼是簡便發音？以下為你舉例說明。

例如I met her last night.這個句子，看上去很簡單，但是多數英語學習者在聽到英語圈人士唸出一模一樣的句子時，卻會出現「聽了很多遍還是聽不出來」的問題，因而喪失信心。

但是，聽不清楚是正常的，因為外國人不會把每個音都唸出來。以這個句子來說，her的h和last的t是不發音的，所以實際上聽起來像是I met er las night.，你若是聽不習慣，就會難以想像本來是什麼句子。除此之外，英語還有很多簡便發音，像是：

- 代名詞及介系詞的強弱音。
- 同化音。
- 結合音。
- 脫落音。

不僅如此，裡面每一項都有少則數種、多則將近三十種的變化型。

事實上，日語也有不少簡便發音，像是數數時有不同的數字唸法，或是有時同樣一個字會配合前後的音做清音、促音或是濁音上的變化。

英語跟我們熟悉的母語一樣，也有很多簡便發音。

英語圈人士平時會用百分之百的簡便發音來說話，如果你對這些發音上的變化毫無概念，當然怎麼聽都聽不懂了。

所以，即使你花了很多時間去聆聽，卻沒先搞懂簡便發音，英聽要進步是很困難的。但也可以反過來說，**只要學會簡便發音，你的英聽就會進步神速。**

有機會的話，請一定要學一學簡便發音。

閱讀篇

你知道現代社會對英語閱讀能力的要求，在最近十年出現很大的變化嗎？這是很重要的趨勢，然而多數人都不知道這件事。對閱讀能力要求的不同，會影響到我們應該讀的範圍。

二十一世紀最重要的英語閱讀能力是什麼呢？答案是：**快速看懂平易近人的英文**，關鍵字是「簡單、快速」。但是多數英語學習者都在讀考大學用的英文，花時間慢慢解讀艱澀的文章，那叫「困難、緩慢」。

雖然也有例外，但給大眾讀的文章通常都寫得很簡單，這很合理，因為要是寫太難，能看懂的人就會銳減。加上網路普及的影響，外國人也很容易接觸到英文資訊。

時下需要的閱讀技術，是在大量平易近人的英文裡，快速找出自己需要的文章段落，只精讀重要部分的閱讀能力。解讀困難的文章、翻譯成日文的大學考試早就不符時代潮流了！

想要學會英語速讀，除了實際多讀一點英語文章、慢慢進步之外別無他法。

所以，我的英語課會請學生花兩個小時不停讀英文報紙，乍看似乎不是什麼高明的學習法，但效果驚人，連那些剛開始需要邊查字典邊讀，幾乎看不懂英文報紙的初學者，也在三個月後輕鬆地讀報紙，簡直判若兩人。

讀小說或是看報紙都可以，請依照自己的興趣和工作需求挑選英文素材，記得每天要讀三十分鐘。如此一來，持續讀個半年、一年，你就能順暢無礙地讀英文了。

屆時請記住，盡可能用速讀的方式來讀英文。反過來說就是，你必須先讓閱讀能力進步到有自信跳過不重要的地方也能看懂英文。

作文篇

想要使英文作文能力進步，除了實際去寫，再請指導者幫忙修改之外別無他法。

有些人也許會說：「我常常寫英文Email，目前都沒出過問題，不需要請人幫忙看。」但是，不請人幫忙看的話，你怎麼知道自己寫的英語有沒有禮貌，或是想表達的內容對方其實只看懂一半呢？

我平時會替有工作需求的上班族修改英文作文。作法是請他們重寫兩次、三次作文，再進行二修、三修，重複確認哪裡容易寫錯、需要修改，如此一來，寫作能力就會突飛猛進，等到第四次提交作文後，所有學生看到自己第一次寫的文章，都會因為品質低劣而嚇一大跳。

寫英文作文有個訣竅：不追求文情並茂，重點是能清楚表達自己的訴求。

學習法 33

有心學好英語的人，如何訂立年度目標量？

如同我在前面的說明，我從自己的學習經驗得知，英文學不好有一個重要因素，就是學習量不足。所以，我在替英語學校的學生安排課程時，會特別留意讓總讀書量增加。跟其他英語會話學程相比，這套學習法的讀書量壓倒性地勝出，所以成果也不同凡響。

課程會依據學生希望達到的英語能力，做不同的期間調整，但基本上，我會準備相當多的作業給他們，因此，多數學生平日都能達到兩至三小時的讀書量，假日也有三小時的讀書量。

按照這個節奏跑，學生一週會來教室接受兩個小時的指導；而在教室外，一週也能保持十五至二十個小時的英語學習量。計畫去留學的人分量更多，平日要讀三小時，假日要讀到十小時，如此一來，一週就有三十五個小時都在接觸英語。

用一週讀二十個小時的分量下去抓，一年讀五十二週，總學習時數為一千零四十個小時；用一週讀三十五個小時的分量下去抓，一年就有一千八百二十個小時，學習的分量跟一週只上四十分鐘的英語會話班的一般英語學習者相比，**足足多出三十倍至五十倍！**

一年只讀三十四個小時的人，跟我這些一年讀超過一千小時的學生相比，誰的英文進步得比較快，就不用我多做說明了。絕對是我的學生壓倒性勝出！

當然，即便一年只讀三十四個小時，英文還是會慢慢進步，只是要花三十年才會讀到一千小時，所以二十歲的人要到五十歲才能學好英語，四十歲的人要到七十歲才能學好英語。

所以，如果你想在一到三年的短期間內看見成果，一年必須讀到一千小時的英語，或者最少也要做到七百五十小時才行，否則是看不到效果的。學習才藝亦然，你不至少累積個一千小時的學習量，是學不出東西的。

英語指導者能為學生做的事情非常有限。就憑一週一次，一次頂多兩小時的指導時間，到底是能指導什麼呢？指導者頂多為你修正讀書方向，並做簡單的解說和檢查。說來說去，**你仍得自己努力，除此之外別無他法**。

如同我在第一章「學習法6　必勝學習策略到底是什麼？」所寫的，學習成果是由教材及課程品質的兩成與學習量的八成所決定的，真的是如此。

千萬不要以為「只要有去上課，學校就會幫我學到會」。已經有太多太多人證明，即使報名了街頭巷尾氾濫的英語會話補習班，最後還是不會說。

學成英語的關鍵是：你在課堂外願不願意多花時間增加學習量，這也是我安排大量回家作業的原因。

你可能會嚇一跳：「不會吧？一年要讀七百五十至一千個小時？」是的，如果你「無心學好英語」，不如乾脆放棄吧。但是，假設你「有心學好英語」，一年至少要讀這麼多，才能在比較短的期間內看見成果。

傷腦筋的是，絕大部分的英語學習者都是介於兩者之間。換句話說，他們並不打算放棄英文，但也不想認真讀，說穿了就是半吊子心理。事實上，**半吊子是最傷荷包、傷時間、傷力氣的學習方式**。

我們用開車來比喻學英語吧。

一、決定目的地（決定英語要學到什麼程度）；

二、決定路線（決定學習方式及範圍）；

三、踩油門（每天學習）。

這樣懂了嗎？沒有其他方式了。

附帶一提，我在英語學校開班授課前，會用半威脅的語氣說：「你真的有心學好英語嗎？很辛苦喔！我會要求你一週至少讀到二十個小時喔！」藉此確認報名者的決心。如果連這一關都過不了，這個學生我不收。

因為，不打算靠自己努力的人，學習是不可能開花結果的。

總整理

- 英語（會話）遲遲學不好，是因為方向讀偏了。考試會考的那些困難句型、咬文嚼字的用法，以及那些艱澀的用字，英語圈人士平時幾乎不會用。
- 上英語會話班上了很久，還是無法開口說英語，問題出在學習量遠遠不夠。
- 想要說得一口好英語，建議先將英語圈人士常用的句子背下來。
- 想要增進英語聽力，請先熟記基本句型、練習Listening & Seeing、學會正確發音，並且了解簡便發音的規則。
- 想要增進英語閱讀能力，每天請速讀英文三十分鐘，並且持之以恆。
- 想要增進英語作文能力，只能實際寫寫看，並請指導者幫忙批改。
- 想要真的學好英語，一年的目標學習量為一千個小時，或者最少也要有七百五十個小時才行。

第 6 章

如何設定目標，落實學習進度？

學習法 34

如何設定目標？

我能夠在出社會後才實現留學的夢想，完全要歸功於當初有好好設定目標並持續用功。

當年，我並沒有使用後面提及的手帳，而是單純使用筆記本，把目標寫上去，並製作了讀書計畫表。比方說，幾月幾號要達成留學目標、幾月幾號要在TOEFL和GMAT（英語和數學測驗）考到目標分數，還有為了達成目標，今天這本參考書要讀到第幾頁，雖然只是大略寫一下，但我一定會把目標列出來，按表操課來完成。

後面會詳細說明實際作法，我自己習慣先擬定留學的最後期限，接著將之細分為數個月的長期目標、數週至一個月的中期目標，以及為了達成中期目標的每日目標。

最簡單的方式就是回推法，先決定最後的目標期限，排定長期目標，再細分出中期目標與更細的單日目標。如果只是一天一天照著進度排下去，很可能使最後目標期限延長，或使計畫變得遙遙無期。

我在讀商科的時代，學到定價策略左右了企業開發新商品的成與敗。這跟目標設定很類似，以下舉例說明。

從前，歐美習慣從材料費、製作費、人事費和廣告費的支出，來決定新商品的定價，不會先決定一個大目標，而是直接從成本來決定售價。當然，商品的價格也會抬高。

相對地，日本企業習慣先決定新商品的售價再來控制成本。例如一台多功能彩色印表機的定價要壓在兩萬圓以內，所以材料費、製作費、人事費和廣告費必須控制在多少預算以內。

哪邊比較好呢？當然是日本企業的作法勝出。由此可知，**先有一個最後目標，再來細分流程，可以確實增加成功率。**

念書若是毫無目標，有時會不知自己為何而讀，遇到難關時就會放棄。所以，務必先釐清目標、設定期限。不要只在腦中空想，要實際拿筆寫下來，讓眼睛能實際確認目標。

既然都要砸下時間、金錢和體力做自我投資，誰不想盡量回本呢？若是半途而廢，或是最後失敗，之前的投資就會付諸流水。

因此，在你正式開讀前，請好好拿出紙筆，把目標寫下來，增加成功的機率，並且時時刻刻提醒自己，一定要讓這筆投資回本，贏回最大的利益。

學習法 35

長期目標的重點在哪裡？

我自己習慣以一個月以上為單位，作為長期目標。

或是抓得鬆一點，以兩到三個月為單位也是可以的。用月曆或是自己畫的計畫表都行，重點是要大張一點，放在視線所及的範圍。

總之，請讓讀書環境隨時都能意識到長期計畫。

當時，我做了一張簡單的計畫表，張貼在書桌前，以便隨時能看見，這有助於我保持學習動力。

我自己也難免會有想逃避念書的時刻，但是，只要看見桌前那張長期計畫表，就會自我警惕：「今天要是再偷懶，長期目標的達成日就會越拖越晚，到時候就別想去留學了！」

某方面而言，這是很好的壓力。經常意識著大目標用功，腦中會產生一種勢在必行的決心，長期下來學習成果也會完全不同。

若不是當初訂立了長期目標，一步步地朝目標邁進，我也許早就中途放棄留學了。

學習法 36

中期目標的訣竅是什麼？

訂立長期目標後，請以一週到一個月左右為單位，作為中期目標。

中期的訣竅是不要抓得太緊，大概設定一個期限就好，例如在自己的手帳或是月曆上標記「八月十五日前，參考書讀到五十頁」、「八月二十二日前，參考書讀到一百頁」等。

我在準備留學的期間，就是用這種方式大略去抓中期目標；現在從事翻譯工作時，也是用一樣的要領來掌握翻譯進度。設定中期目標有一件很重要的事：記得一週一定要預留一、兩天作為休息日。

舉例來說，按照一天讀十頁參考書的進度來跑的話，七天就能看到七十頁。但是，計畫往往趕不上變化，每天的生活都有可能出現更重要的事打斷你的節奏。

為了處理生活中的突發狀況，請務必預留兩天是假日。比方說，即使你計畫一天讀十頁，也要記得把星期三或星期六空下來，一週加起來有讀到五十頁就ＯＫ了。

簡單來說，不要把讀書進度塞得太密，中期目標需要保留一點彈性空間，使一週即使休息一、兩天也能順利達成。

許多人會把讀書計畫排太密，每當進度落後便陷入自我厭惡。一旦開始自我感覺不佳，很可能會有一段時間無法專注用功。

我已經再三強調，每天只讀一點點也沒關係，學東西看的是經年累月的累積。為了避免實際開始跑進度時，常因一些小事自暴自棄，誤以為「我不是讀書那塊料！」，**排進度時務必對自己溫柔一點。**

沒有無法達成的目標，只有**不可能辦到的讀書計畫**。

也就是說，無法實現是因為進度安排得不好，並不是你能力不夠，或是意志力薄弱。若是「一週讀一本書」的目標無法達到，調整為「一個月讀一本書」就行了。

認真讀書的人，一定會有因為進度落後而討厭自己的時候。

我在拚留學時也時常陷入低潮，一方面把進度排得很密，一方面又因為自己無法達成進度而生氣，有時也會自暴自棄不想讀書。

我還在跑新聞的時代，有時工作需要外宿，隔天退房時生理時鐘整個亂掉，導致本來預定要讀書的時間睏得受不了，進度就這樣不停延宕。我發現，原因出在我當初把中期目標排得太密，沒有緩衝的時間。

持續低潮一陣子後，我變更了讀書策略，作法是「把讀書計畫排得鬆一些」，並在一週裡預留兩天不讀書也無所謂的緩衝時間。我沒有強制規定哪兩天一定要休息，若是狀況好，當然可以往下讀，因為這樣，我開始能比預設的中期目標更快達成進度，自我感覺逐漸好轉，終於能往長期目標邁進。

一樣都是持續念書，「保持好心情讀」與「自我厭惡地讀」，兩者的心理負擔差距極大。因此，設定中期目標的訣竅是，把進度排得比你本來的速度再鬆一點，好讓計畫能提前一點達標。

學習法 37

單日目標要怎麼設？

單日目標要以時間作為目標單位。這時候，我一定會把目標寫在便利貼上，按照時程計畫來一一完成，大致上像這樣：

七點～七點三十分　讀到十五頁
七點四十五分～八點十五分　讀到十八頁
八點三十分～九點　讀到二十一頁

假如目標沒達成也不要太過放在心上，這只是大概的指標。訣竅跟設定中期目標時一樣，不要亂給自己不可能達成的目標。

還有更重要的一點：**一定要寫在紙上。**

如果沒有明確地寫出來，很容易一邊讀書一邊發呆，就以為自己讀完了。若是學習進度不如預期，也不要產生「是我太混了」等自卑的想法。設定目標的用意是讓自己讀起來更順暢，因此，請務必把當天的目標（或是半天也可以）用紙筆寫下來。

其次，當天讀完後，請一一確認目標來了解進度，如果目標都有達成，記得要好好稱讚自己；反之，若是進度沒有達到，就好好了解原因，當作下次提升效率的參考。

完全不需要「因為進度落後」而自我厭惡。重要的是，無論是一天的進度，或者只是數小時的進度，都要用紙筆寫下來，方便用眼睛確認進度。

我也會在回顧當天的學習進度時，發現有些目標沒有完成。毫無例外，都是發生在我忘記把目標寫下來的時候。

所以，在開讀之前，花個三分鐘就好，列出當天的學習目標。

接著，盡量在規定好的時間內完成學習進度。方法可沿用我在第二章的「學習法13 如何利用時間與同事拉開差距？」所提到的工作訣竅。

學習法 38

目標如何劇烈影響行為和成果？

有些人聽到「設定目標」，難免心想：「又來了！」

但是，設定了不同的目標，人的行為也會出現改變。行為變了，所影響的結果當然也會完全不同。以我自己的情形來舉例：

第一章有寫到我在加拿大的遊學經歷。當時，我去加拿大的洛磯山脈騎單車環山旅行，同時決定要一併鍛鍊我的拍照技術。是要單純地旅遊嗎？還是要修煉拍照技術呢？設定的目標不同，行為當然就會不同。

具體來說差在哪裡？為了捕捉大自然的風景，我每天都在日出前起床。

為什麼要在日出前起床？事實上，拍攝自然風景照最好的時機，就是日出、日落前後的一小時。去看看專業風景攝影師的作品就能知道，照片多半是在日出、日落的時間拍攝的。

尤其是日出前後的一小時，景色看起來跟大白天截然不同，天空一片橙紅，太陽的位置偏低，影子隨之拉長，呈現出魔幻的景致。沒有颱風時，湖面猶如鏡面，倒映出周遭的風景；花朵也不會搖來晃去，是拍攝植物的最佳時機。

即使每天清晨背著相機出門，也不見得每次都能拍出好照片，因為還要看當天的天氣變化。但是，因為我已下定決心「要練習拍照」，才會每天不畏嚴寒，一大清早扛著相機出門等待日出。

獨自一人走在天還沒亮的洛磯山脈是相當恐怖的一件事，因為山區有熊出沒，而且還是號稱地表最強的灰熊，每年加拿大都有人遭受灰熊攻擊死亡。為了避免遇到灰熊，我總是一邊大聲唱歌一邊拍照。

因為有了「練習拍照」的目標，我才做出了不同於以往的行為，這些寶貴的經驗也使我在日後進入報社工作，成為一名攝影記者。

其他例子還有，我在美國留學時，給自己立下了兩大目標：

一、要拿到碩士學位；

二、要學好英語。

大部分的留學生只有一個目標，就是安然取得學位畢業。但是，由於我多加了「學好英語」的目標，所以投入了相當多的心力學英語。

許多人聽聞「在美國或英國留過學」，就會以為「留學經驗=說得一口流利英語」，事實上並不是。

留學兩、三年，英語還是說不好的可大有人在，因為他們把主要的心思放在大學或研究所的專業領域上，並未特別花費心思去學英語。

因此，因為有留學的經驗，而被同事誤以為「英語一定很好」並為此所苦的企業人士意外地多。

一樣是留學，設定的目標不同，所做的事情就會不一樣。我除了攻讀碩士學位之外，還多修了兩堂英文寫作課、一堂商業英文寫作課、一堂演講課與兩堂發音課。如同前面的說明，我在課餘時間天天讀英文報紙，看電視劇學習道地的英語。

不同的行為，會帶來完全不一樣的結果。

這就是我比同樣是留美兩、三年的人，英語說得更溜，能當上英語老師的原因。

學習法 39

無法達成目標最大的問題出在哪裡？

每個人都為了各自不同的目標和夢想努力用功、磨練技術。

談到問題，以檢定考來舉例的話，大忌是「隨時去考都可以」的敷衍心態。一旦有了這種想法，距離及格、考取目標分數，可得有好長一段路要走。

我們要先決定日期，比方說，預定參加二〇〇八年五月的某場考試，並且朝著目標努力衝刺。簡單來說，**要先給自己設一道終點線！**

千萬不要有「緣分來了自然會去考」的想法，一定要先拉好終點線，問問自己：「為了跑到終點，我現在應該做什麼呢？」就是因為有太多人老想著「有空再去」，結果呢？五年過去了，十年過去了，距離實現目標和夢想遙遙無期。

如果慢慢花時間能夠實現目標和夢想也就算了，可惜多數人就這樣耗掉了一輩子，依然沒有完成目標。

容我再強調一次。

先決定你要實現的目標，並且明確地寫下日期。

許多人無法達成目標，敗都敗在**不願意下決定**。你是否也有遲遲不肯下定決心，不停把目標往後延的狀況呢？這是一種待辦（pending）狀態，多數非本意的結果，都是沒能即時下決定造成的。

請回憶你的過往，是否曾因遲遲無法下決定、要上不下的態度，失去想要的人（情人或配偶）、事、物呢？

反過來說，只要你能自己下決定，便能將一半的目標和願望握在手中。

學習法
40 可以利用逆向思考來達成目標嗎？

請跟我這樣思考：「我要做什麼事情來實現目標呢？」簡單來說，**要跟之前做逆向思考。**

許多人習慣思考「先有○○再有○○」，例如「等托福考到○○分再去留學」。請戒掉這個壞習慣，養成「我要在○年○月○日之前達成○○目標，為了達成這個目標，我要做○○」的思考習慣。

舉例來說，就是「我要在二○○九年八月之前去留學，為了達成這個目標，我要在二○○九年三月之前，托福考到○○分」。像這樣做逆向思考，絕對可以幫助你用比之前快好幾倍的速度圓夢。

我再換個方式說明吧。先決定你要實現的目標和夢想，這是固定（fix）不變的。接著，改變（通常是增加）達成目標所需的時間和精力，將之視作變數（variable）。簡單來說，就是你需要集中增加多少時間和精力，才能達成「這個不變的」目標。不明白的人可以看看次頁圖。

無法達成目標的人有一個共同點：他們完全弄反了。也就是說，他們注入的時間和精力常常是不變的，卻讓目標成為了變數。

就是因為這樣，才會萬年都是那句老話：「我再讀兩年英語，應該就能去留學了。」

試想，如果狀況生變會怎麼樣呢？

「最近工作太忙，沒辦法好好讀英語，可能要三年後才能去留學吧？」像這樣不停把目標達成日往後延，最後年復一年地拖過去，回過神來就老了。老了之後再搬出老藉口：「我年輕的時候，其實很想〇〇，只是……」最後就這樣抱憾終生。

你覺得這樣也無所謂嗎？

人就算活到七十歲，依然能去完成夢想。只是以體力上來說，六十歲比七十歲容易，五十歲比六十歲容易，而四十歲又比五十歲容易達成，道理很簡單吧。

人生在世，終有衰老、死亡的一天。這是很正常的事情，不要逃避它。請用健康的心理意識到人生有限，就會明白我們每天活在世上，根本沒有多餘的時間把想做的事情一直往後延。

所以，我們沒有時間想著「先有〇〇再有〇〇」了。

我就是靠著這套逆向思考，持續不斷地自我投資，才實現了本來可能止於夢想的長期國外旅行，在感受最豐富的二十多歲去看世界、增廣見聞，成為了攝影記者，拍攝過全國報紙頭版的照片。

然後，我又花了六年的時光，實現了去美國留學的夢想，年過三十歲終於

請先確定目標和夢想，
接下來只須增加付出的心力，
就能用好幾倍的速度快速達標！

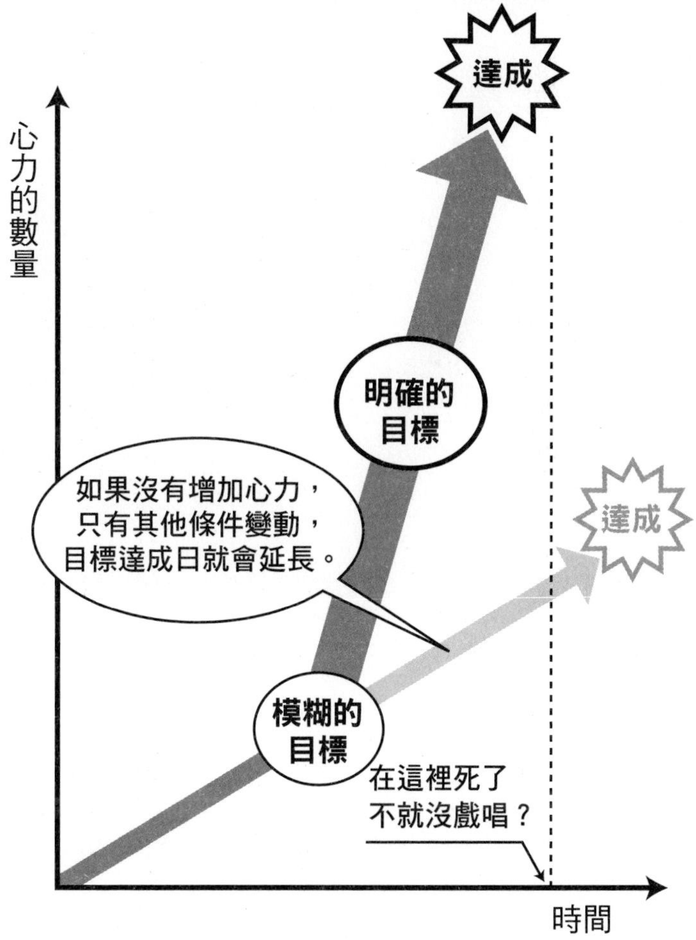
達成
心力的數量
明確的目標
如果沒有增加心力，
只有其他條件變動，
目標達成日就會延長。
達成
模糊的目標
在這裡死了
不就沒戲唱？
時間

能夠開口說英語，在三十出頭發下了擁有自己公司的夢想，並在三十五歲時達成夢想。此外，我還創辦了英語學校，成為一位英語教師，現在甚至寫了三本書！

但是，我依然擁有許多夢想，今後也會善用這套逆向思考，反覆著成功與失敗，一步步地踏實圓夢。

學習法 41

達成目標需要付出哪些代價？

我在跑新聞的時代，有幸採訪過一九七三年榮獲諾貝爾物理學獎的江崎玲於奈先生，他的資歷真的只能用厲害來形容。但是，採訪江崎先生時，我印象最深的卻是這句話：

「你以為我得了諾貝爾物理學獎，創下不少輝煌成就，人生就過得一帆風順，對吧？」他在反問我之後，隨即露出苦澀的表情，自行回答：「不，你想錯了！」令我印象深刻。

從他的表情，我立刻察覺「那些輝煌的成就，是犧牲了私人時間換來的」。

當年，我為了去留學，把大部分的時間都拿來念書，加上必須存留學費用，非必要的同事聚會不會去，相較之下比較疏於人際關係。我只記得當時每天下班直奔回家，坐在桌前用功。

聰明的人應該知道如何一邊念書，一邊發展良好的人際關係，但我當時沒想這麼多，一心一意只想完成多年來的留學目標，所以盡可能地避開交際應酬。

我想表達的是，只要持續念書，多多少少**會付出一些代價**。你和同事去居酒屋喝酒的次數會減少，和朋友會疏於聯絡，假日悠哉待在家放鬆休息的時間也會減少。

開始讀書前，請多少做好心理準備。想要在比較短的時間內達成目標，絕對需要集中時間和心力衝刺。

換個嚴格的說法，**你若是不想付出代價，就只能放棄目標。**

學習法 42

用手帳來設定目標可以加快速度嗎？

回到日本以後，我開始把目標寫在手帳裡並隨身攜帶。自從落實每天確認目標的習慣後，我的進度達成速度也加快了。

究竟有多快？以下為你舉例說明。

回國後，我只用了半年便成立了翻譯事業，靠著這份收入，用兩年還清當初預定用七年還完的六百萬圓留學貸款。不僅如此，我更在回國後的一年半內，靠著資本額三百萬圓創辦了自己的公司，包含本書在內，一共出版了三本書籍，並且備有一本書的原稿。

現在，我還創設了英語學校，舉辦各種課程講座，回過神來已經被人尊稱為「老師」。

手帳就是這麼好用。因此，我想到「也許可以和別人分享自己使用手帳的方式」，並製作了B5大小、共五十二頁的手冊《成功人士的手帳用法》，從二〇〇三年底開始放在網站上，提供給需要的人。這也成為現在流行的「手帳及使用方法套組」的先驅。

把目標寫在紙上，藉由每天反覆觀看來實現夢想，是《思考致富》（*Think and Grow Rich*）的作者拿破崙・希爾（Oliver Napoleon Hill）在書中提倡的方法，這套觀念影響許多人甚鉅，在座的各位應該有超過一半的人聽過。問題出在，真正實行的人少之又少。

話又說回來，為什麼把目標寫出來、每天反覆觀看，實現的速度會加快呢？以下是我自己的見解。

人的行為大多是在無自覺（下意識）當中進行的，最簡單的例子，就是那些你自己也沒察覺的習慣和偏好。換言之，一個人每天的行為模式，幾乎都是在潛意識的驅動下進行的。

那麼，一個人的習慣是怎麼來的呢？是你透過許多年的時間，長期接收家人和周遭環境所發出的訊息，在不知不覺間形成的運作模式。因此，現在的你只是按照這個模式在跑罷了。

好，問題來了。

你若是一直維持現有的習慣（無意識間形成的運作模式），當然就會得到你現在擁有的環境（人際關係、工作、財務方面皆是）。

你若想要一個不一樣的人生，就得換掉現在的運作模式才行。

你現在的運作模式，是反覆接收周遭訊息、日積月累下來的結果，因此，你也可以下意識地對自己發送訊息，**重新編寫你想要的運作模式**。基於這個原理，每天反覆觀看自己寫下來的目標至關重要。

藉由每天反覆觀看目標，便能在下意識間更改本來的運作模式。潛在意識變了，運作模式就會在無意識間改變；行為變了，結果當然也就不一樣了。

因為手帳便於每天帶著走，還能沒事多看兩眼，所以成為相當便利的輔助工具。

我分享的手帳用法已有超過三千人使用，同樣為他們帶來效果。有人薪水雙倍翻，有人業績一路長紅，有人成功一百八十度翻轉思考……許許多多的人都因此達成目標和夢想。

學習法 43

如何善用手帳來設定目標？

利用手帳來設定目標的方式，坊間有許多種版本，想要參考我的方法的人，請看以下節錄自《成功人士的手帳用法》的內容。

長期目標請做十五年計畫表

我在手帳裡做了十五年計畫表，將之視為長期目標。即便是習於長期規劃的人，應該也很少人計畫到十五年後。請利用跨頁手帳活頁表格紙，在上頭寫下西元年，旁邊註記自己和家人的年齡，然後在更旁邊大略寫下預定達成的目標，完成時用紅筆打勾。

只要好好建立目標，每年必能達成許多項目，寫在手帳上一目瞭然。

為什麼是十五年？因為人生很漫長，只用一年來當設定目標**容易短視近利**。

就算每年如實完成目標，若是十年後回顧時，發現人生偏離本來預設的方向，逝去的十年是回不來的。

所以，我們要盡量用長遠的目光來看待人生路程，我認為用十五年來訂立計畫和目標剛剛好。

達成清單

一年內的達成目標，一樣使用跨頁活頁表格紙，把達成日期○月○日清楚地寫出來，實際達成就用紅筆打勾。

比方說，我今年想要實現出第二本書的目標，這部分已經打勾了。

第一排寫上年份，第二排用十二欄表示月份。接著在同頁左側縱列打上一到三十一表示日期，我自己愛用的表格本身就有三十三小排。如同前面的作

不論長期或短期目標都可善用手帳來做設定！

●15年計畫表

年	我	太太			目標
2007	35歲	30歲			✓舉辦寫作課程講座
					✓出版第二本書
					・去非洲旅行
					・存款有1000萬圓
2008	36歲	31歲			・買房子
					・換一台車
					・舉辦投資課程講座
					・出版第三本書
2009	37歲	32歲			・開創新事業

●達成清單

2007年

日＼月	1	2		12	
1					✓舉辦寫作課程講座
2					✓出版第二本書
3		………			・去非洲旅行
4					・存款有1000萬圓
5	………				
6					
7				………	
8					
9					
10					
11					
12		………			
13				………	

出第二本書

去非洲旅行

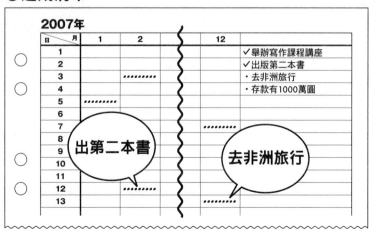

法，挑出幾樣你想實現的目標，填入框框裡。

比方說，假如預設的實現日期為二〇〇八年七月一日，就填在七月欄位的第一格。因為一格非常小，所以我會寫到凸出去。

不用在意寫得漂不漂亮，自己看得懂、好確認最重要。

由於目標日期可能在一年當中出現變動，所以我會用自動鉛筆寫。

補充一下，我愛用的是俗稱「ＳＤ手帳」的系統手帳。這是日本最早推出的系統手帳，曾在一九六八年發售時創下熱銷紀錄，現在仍有許多人愛用，尤其深受五十歲以上的人所喜愛。

總整理

- 實現夢想的第一步是把目標寫在紙上，方便做視覺確認。
- 按照「設定最終期限↓設定長期目標↓設定中期目標↓設定單日目標」的方式一步步細分目標，就能降低達成難度。
- 許多人無法達成目標的最大原因出在「不肯下決定」。優先決定「你想實現什麼目標和夢想」，其中必須包含明確的日期。
- 把目標寫在手帳上隨身攜帶，實現的速度也會加快。
- 藉由每天重複觀看目標，能在無形中改變潛在意識。潛在意識變了，行為就會跟著改變；行為變了，就能帶來不一樣的結果。

實踐者心聲 3

直接說感想，讀完以後，心裡始終在意著內容，沒有辦法忘記那些話（現在也是）。書裡相當具體地描述了什麼叫做「學習法」，我總算深深明白，自己和那些「勝利組」的人差在哪些地方。

我的年紀已經超過三十歲，想到那些人用我虛擲的光陰擴充了多少技能，我就感到絕望。總覺得之前藏在心底，隱隱約約擔心自己「這樣下去真的好嗎？」的心情，被作者用文字如實地寫了出來，重新審視之後，我對事物的看法和想法也慢慢產生變化。

在此之前，我很少（幾乎沒有？）思考潛在意識可能帶來的影響，原來想要達成目標、用上大腦百分之九十七，很多時候靠的是潛在意識啊？仔細想想，真的是這樣。回顧過往，那些失敗的小事情，常常都是因為我沒有認真看待，甚至不看好結果。但是，我也有一些事情挑戰成功，像是：

- 趁在學期間考取重機駕照（不限單一駕照）。
- 最近考取了CCNA思科認證網路工程師執照（買二手路由器自學的）。
- 通過其他國家級檢定。

回憶起來，我在考前準備的階段，有想像自己考上的畫面，沒有看衰自己。我認為，這些小小的成功體驗，宛如一種人生藍圖的縮影。

我很感謝《不做輸家的學習法》讓我察覺不一樣的人生選項，了解兩種截然不同的人生可能。未來，我會意識著目標前進，不讓人生留下遺憾。（部分摘錄）

愛媛 讀者K

實踐者心聲 4

自從丈夫使用了古市先生的「手帳」以後，真的改頭換面了。他以前可是出了名的健忘呢（笑）。還有啊，每次他說「我要幹嘛幹嘛」，常常一拖就是數週，有時甚至拖到好幾個月呢。當然他本人並沒有惡意，只是，假如事情當下不急，常常就會被他遺忘。我的耐心都是被他磨出來的（笑）。

丈夫的目標是「貫徹小事情」，他認為「連小事都無法做到，以後要怎麼做大事？」，問題是，壞習慣怎麼改也改不掉啊，我都已經半放棄了。

初次聽聞有這種手帳時，丈夫興奮地問我：「欸，我可以買嗎？」老實說，我當下是反對的：「如果區區一本手帳就能改掉健忘的壞毛病，就不會有這麼多人為此苦惱了。」也幸好丈夫報名了試用評鑑員，收到了古市先生給的手帳，從此一用見效。

現在，我都快要忘記以前動不動就得提醒他「這個做了沒？那個做了沒？」，因為，不需要我開口，他就會先完成我希望他做的事，以及其他連我都沒想到的小細節，和從前相比，簡直判若兩人（笑）！

丈夫本來就很重視家庭，自從有了手帳之後，懂得如何具體思考目的及目標，而且具有執行力，現在已經是超級可靠的丈夫了。謝謝古市先生介紹他使用這麼棒的手帳。（部分摘錄）

東京 讀者W

第 7 章

想要提升學習效率，飲食和睡眠也很重要

學習法

44

飲食會影響學習成果嗎？

讀書的大敵是什麼呢？你聽到也許會訝異，答案是**吃東西**！原因在於吃完東西以後，為了消化食物，血液會集中到胃部，大腦的血液供給減少，導致餐後的一小時，精神往往無法集中。這是你每天都會經歷的事，應該不用我多做說明。吃完東西以後，人會變得愛睏，效率也會下降。以下介紹幾個好用對策。

一、不要吃太飽。同樣的食量，本來一天吃三次，就分成四次去吃，避免胃部一次塞滿大量食物。舉例來說，可以早上吃一次，再十二點、三點、六點這樣吃，最少間隔三小時，注意細嚼慢嚥。

二、吃完東西以後先做其他事，例如洗澡，避免直接翻開書本。順序不是洗澡→吃飯→讀書，而是吃飯→洗澡→讀書，避開吃完東西以後直接動腦。

接下來的部分比較專業。

三、吃飯以蔬菜和白飯為主，用意是減少胃部負擔。詳情請參考哈維・戴蒙與瑪莉琳・戴蒙（Harvey Diamond, Marilyn Diamond）合著的《88生理時鐘高效瘦身：每天吃飽吃滿，還能減脂、美肌、穩血糖、改善疲勞！》（*Fit for Life*）。

簡單地說，「人類伴隨著文明發展，開始吃些本來不會吃的東西，因為這些食物的組合搭配不好，人體在消化的時候，必須耗掉極大的能量，所以才會感到疲勞」。

這本書同時將食物分為四大類：

一、水果；
二、蔬菜；
三、碳水化合物，如米飯、麵包等；
四、蛋白質，如肉類、魚類、豆類等。

■對人體來說，水果是消化過的食物，因此不需要進行消化作業，吃下後約二十分鐘就會送到小腸。
■蔬菜不用胃的消化液也能消化，在消化器官中能藉由中性、酸性和鹼性來分解，大約三小時就能消化。
■消化白飯等碳水化合物時，會用鹼性胃液來消化。
■消化肉類等蛋白質時，會用酸性胃液來消化。

問題來了，如果同時吃下飯和肉，為了消化白飯，胃會分泌鹼性胃液；為了消化肉，胃又會分泌酸性胃液，結果酸鹼中和，導致胃液變成中性（當然胃的構造沒有這麼簡單，我只是簡略說明）↓食物在胃中難以消化，久一點可能需要花上八小時↓消耗人體能量。大概就是這樣子。

我在跑新聞的時代，採訪過一名女子馬拉松選手，為了刷新自己的紀錄，她最煩惱的就是飲食問題。

「練習會消耗體力，維持體力必須吃東西，但是吃太多又會對胃造成負擔，要消耗體力。可是，不吃東西就沒有體力練習……」這段訪談也證明了消化會消耗大量能量的問題。

這本書裡還提到了人體在二十四小時內的週期。

一、中午到晚上八點——攝取（吃與消化）；

二、晚上八點到清晨四點——同化（吸收與利用）；

三、清晨四點到中午——排泄（排出體內老舊廢棄物與食物廢氣）。

大概就是以上三種循環。

還有，早上到中午吃水果就好，才不會給胃造成負擔。中午到晚上八點遵守食物的搭配組合，建議吃蔬菜搭配白飯等碳水化合物，或是蔬菜搭配肉類等蛋白質食物（肉類和魚類是蛋白質，對胃負擔比較大，最建議的搭配方式是碳水化合物加蔬菜）。

＊注意：甜點也包含在內，務必遵守原則。如果飯後吃了水果，又吃了優格等乳製品，規則就會亂掉。

「在學習法的書裡大談飲食法？」你也許會感到詫異。

但是，千萬不要小看飲食，人在一天二十四小時的活動時間裡，就有多達三次的進食，如果每次吃完飯就要花一小時左右昏昏沉沉，一天就少了三小時的有用時間。

人通常一天要睡七小時，如果在剩下的十七個小時裡，有三個小時頭暈腦脹，一天就有大約**百分之十七・六的時間毫無產值**。因此，好好注重飲食方式，就能增加有產值的活動時間。

善用這套飲食法，將飯後頭暈腦脹的三小時減少為一小時，一天就能多出兩小時的活動時間，一年加起來多了七百三十小時的有用時間。除以二十四小時，等於多了整整三十天；若是除以實質活動時間的十七小時，就是四十三天！

連同不看電視省下的時間加起來，一年整整多出將近三個月半的時間。

我在使用這套飲食法的第一天，就感覺到身體的狀況不一樣，因為胃的負擔減輕了。

拜此所賜，餐後休息十分鐘便能恢復讀書或是工作。當其他人剛吃完飯，還在昏昏欲睡打呵欠的時候，你已經跑在別人的前面了，當然能拉開差距。

如果你覺得「太難了，我做不到」，不妨試試早餐只吃水果，應該能感覺到胃比較舒適，身體也更有精神。

當然，早餐只吃水果，大約兩、三小時肚子就會餓，你也許認為「水果不適合拿來果腹」。

但是，可以很久不餓的食物，往往只是還沒消化完畢，長時間停留在胃裡罷了，並不代表這樣比較健康。

想知道自己對飲食方式的理解正不正確，請參考新谷弘實寫的《不生病的生活：全美首席胃腸科醫師的健康祕訣》，裡面有詳細的介紹。對於全家人的飲食健康管理有興趣的人，一定要讀讀這本書。

學習法 45

為什麼睡眠很重要？

每天至少要睡滿六小時，理想是七小時半。主要原因如下：

一、睡不飽，效率差；

二、背誦的東西需要透過睡眠來形成記憶。

某位童星被問及「如何記住這麼多台詞」時，回答「我都看好幾次，看完就睡」，同樣顯示出睡眠和記憶有關。

如果躺在床上怎樣都睡不著，我會乾脆起來讀書。反正繼續躺還是睡不著，不如好好善用時間。

只要起來念書或是閱讀半小時，睡意通常會自然襲來。越努力逼自己「快睡吧、快睡吧」，反而越容易失眠，這時不如起來讀書還比較實在。

還有，在家讀書時，可以善用空檔小睡。把休息時間當作小睡時間也無妨。不需要真的熟睡，只要躺在床上十分鐘，閉上眼睛休息就好。

大腦需要一些時間整理塞在腦中的大量資訊，小睡的作用就是給大腦整理的時間。但是，切記小睡不要睡超過一小時，否則會打亂生理時鐘，休息時，請最多睡一小時。

學習法

46 如何不用鬧鐘起床？

我特別推薦單身男子使用這一招，花一週試試看，一定能感覺到效果。

作法很簡單，睡前記得**把窗簾打開**。如果覺得不習慣，可以只拉上薄紗窗簾。

如果路燈會照進室內妨礙睡眠，可以用毛巾遮住眼睛。簡單來說，就是「不拉上能阻隔早晨太陽光的遮光窗簾睡覺」，如此一來會怎樣呢？

天亮時，太陽的直射光或間接光會照到你身上，眼球透過「眼皮」感受到亮光，身體就知道天亮了。也就是說，只要恢復自然的生活，人體就會按照自然機制來運作，用規律的生理時鐘來維持作息。

根據朝日新聞社出版的現代用語事典《智慧藏》（知恵蔵，二〇〇七年版）所寫，生理時鐘的定義為「生理節奏。能在生物活動上觀察到的固定節奏」。

然而，隨著科技進步、文明發達，現代人的生活開始注重隱私，早上也會拉上窗簾避免陽光直射，導致身體誤以為「天還沒亮」。

對人體更加有害的是，在「以為天還沒亮」的狀態下鈴鈴作響的鬧鐘聲。這麼做會使人體受到驚嚇，醒來的感覺當然不會好了。

一樣是被鬧鐘叫醒，拉開窗簾同樣比較好，因為身體感受到太陽光，正在慢慢甦醒，而不是在一片漆黑中突然驚醒，感受自然舒暢許多。

但有一點必須注意，如果你昨天熬夜到很晚，就算拉開窗簾，一樣是醒不來的。

再補充一件事，美國某家電力公司為了改善夜班員工精神不濟的問題，會在夜班時間將公司的燈光調亮三倍，這麼做是為了反過來利用生理時鐘，讓身體認為現在是白天。聽說這個作法有效改善了夜班員工的精神。

題外話，醫生雖然常勸人「早睡早起」，強調生活規律的重要，但人類畢竟不是機器人，難免需要配合工作情形加班熬夜。

有時熬夜很疲倦，有時精神則好得不得了，情況是會變動的。如果你感覺當天狀況絕佳，讀晚一點也沒關係，或是隔天早一點起來讀也行。不要過度被「生活規律」這句話給綁死，請配合當天的身體狀況來調整吧。

學習法

47 如何早上醒來立刻醒腦？

好不容易起了個大早想要用功一下，結果腦袋昏昏沉沉、書讀不進去，該怎麼辦？

教你一個可以快速醒腦的方式：淋浴。

早上起床時，體溫通常比較低，血液循環也不好，腦袋血液不足，當然就渾渾噩噩。

淋過熱水澡以後，體溫會迅速上升至一般體溫，腦子也會清醒過來，可以馬上進入專注狀態。

總整理

- 吃東西是降低學習效率的大敵，因應對策是一次不要吃太多、吃時細嚼慢嚥、吃完不要立刻讀書，以及用餐以蔬菜加白飯為主等。
- 早上到中午只吃水果，中午到晚上八點養成吃「蔬菜＋白飯」或「蔬菜＋蛋白質」的習慣。如此一來，餐後休息十分鐘便能恢復讀書與工作。
- 想要提升學習效率、使背誦的內容形成記憶，睡眠至關重要。理想的睡眠時數為七小時半，請記得最少也要睡滿六小時。
- 起床時先沖個熱水澡有助於血液循環，可以快速醒腦。

實踐者心聲 5

本書主要在講學習法，受用的部分包羅萬象，以下是我參考後的作法：

- 六日在家庭餐廳看新進度，平日用數十分鐘複習。
- 區分難易度，集中複習難度較高的。
- 考前快速重看。

我就是按照這個方法讀。書裡我最好奇的是飲食法，實際試過以後驚為天人。

從前我一到下午就昏昏沉沉，工作效率下滑，為此相當苦惱，自從我嘗試了這套飲食法，並在中午和晚上分別使用不同的食物組合搭配，餐後再也不會頭暈腦脹，現在我吃東西都會特別留意組合搭配。

書裡還有許多方法值得效法，我在時間分配上仍有許多進步的空間，今後打算一個個慢慢改善。

愛知 讀者S

第 8 章

提升學習效率的便利工具

學習法 48

可以利用哪些工具維持專注力？

●計時器

剛開始練習讀書時，很容易在失去專注力後仍繼續讀。建議使用計時器，定時十五分鐘或三十分鐘，時間到了即使讀到一半，也要起身休息。

在此推薦使用烹飪計時器或免費軟體。

我在寫稿時，也會使用計時器定時三十分鐘，計時器響了就休息，並提醒自己，在計時器響前，盡可能專心念書寫稿，一聽到鈴聲立刻休息，這樣才能掌握「還沒累先休息」的節奏。

不僅如此，休息時間我一樣會計時，鈴聲一響就回去用功。

由於刺耳的鈴聲會引發不適，建議使用小雞的叫聲等可愛音效。

學習法 49

可以利用哪些工具在外面讀書？

●耳塞

推薦的品牌是「PIP EAR HOLIDAY」的橘色耳塞，它的隔音效果比「EAR WHISPER」的黃色耳塞好，去大間藥局一定買得到。

沒用過耳塞的人，請一定要試試看，電車的噪音會明顯減少，可以在安靜的狀態下專心念書。在嘈雜的咖啡廳也非常好用。

不僅如此，噪音會在無形間妨礙讀書，造成心理壓力，所以我們要盡可能地阻隔噪音。

●A4手寫夾板

我愛用無印良品推出的「聚苯乙烯塑膠夾板」。

把參考書或筆記本放在大腿上要寫字時，常常因為紙面不平很難寫，這時候只要把手寫夾板放在腿上，你的腿就會瞬間變成簡易移動書桌。寫字時不好寫會影響讀書效能，所以我總是隨身把手寫夾板放在包包裡。

有些企業人士為了方便在腿上寫字，會特別挑選堅硬的皮箱，我們不需要特別帶著笨重的皮箱走來走去，只要在腿上放上手寫夾板，就能擁有臨時書桌。

學習法 50

有沒有推薦的文具？

●原子筆

我在家裡的書房只用百樂的「Dr-GRIP」系列，黑、藍、紅三色都湊齊了。這系列的好處是握墊比較粗，手大的我握起來剛剛好。

我喜歡的不是購買時附的0.7mm筆芯，而是1.0mm的粗筆芯。粗筆芯寫起來比較滑順，我去美國留學時買了好多替換用的筆芯備著。

攜帶用的筆，我喜歡用雙色原子筆加自動鉛筆的「多功能自動筆」，通常有附紅與黑的原子筆尖與自動鉛筆尖。

最愛的是斑馬牌的「Airfit 2+S」系列，去大一點的文具行就有了。雖然是多功能筆，但是有加握墊，好用又好寫，令人愛不釋手。我會用黑色原子筆做筆記，用紅色原子筆在書上重要的地方做記號，自動鉛筆則用來寫行程表等（因為可能需要修改）。

買不到雙色多功能自動筆時，用單色多功能自動筆就很夠用了。我自己愛用百樂的「1+1 Dr-GRIP」，它跟前面介紹的「Dr-GRIP」一樣都很好握，重量又輕，便於攜帶。這種筆通常都是黑色配自動鉛筆，我自己是把黑色換成藍色。替換用的筆芯才七十圓。我習慣用藍筆在寫了筆記的書上畫重點。

黑筆畫重點不夠明顯，但紅筆又不適合平時做筆記，藍色可同時兼顧筆記及畫重點，相當實用。

學習法 51

有沒有推薦的聽力訓練工具？

我最愛用Sony的降噪耳機（MDR-NC11，寫書的當下已停產），這是耳道式耳機，外型小巧，便於攜帶。Sony有推出不少新型號，請上他們家的官網查看。

使用這種耳機，即使在吵鬧的電車裡，也能有效降低噪音，音量不用開到最大也能聽清楚，尤其在地下鐵特別有效，我已經使用十年以上了。

現在其他廠牌也有推出一樣的降噪耳機，可貨比三家。如果為了學習語言，把耳機音量調得太大聲，長期下來可能引發重聽，使用降噪耳機可預防這點。

MP3形式的語言學習教材也相當普遍，我喜歡用蘋果的iPod來聽。除此之外，我還在裡面放了英語有聲書每天聆聽，以防英語能力退步。

現在也有推出專為語言學習者設計，可以調整播放速度的ＩＣ錄音筆，例如Sony的「ICD-SX67」。

使用錄音帶當學習教材的人，我推薦Sony的「WM-EX651」卡帶式隨身聽，這台隨身聽也能調整播放速度，六十分鐘的卡帶可以用五十分鐘左右聽完，加快兩成的速度在聆聽上沒有任何影響。

預算比較多的人，可以買同廠牌的「卡帶式播放器TCM-900」，這款最快可以用兩倍速播放。

如果家裡有人想看電視，你也不好請對方「把電視關掉」吧。這時候請拿出便利小道具無線耳機，我用的是Sony的「MDR-IF240RK」。

你可以請家人戴上耳機看電視。如此一來，家人不用為了你關掉電視，你也能好好地安靜用功。

學習法 52

長期計畫型學習法要先添購椅子嗎？

預算允許的話，我最推薦購買Herman Miller的「Aeron Chair」人體工學椅。全套的人體工學椅買起來並不便宜，如果你在家裡有屬於自己的讀書空間，而且需要長期學習，我會推薦你先買椅子作為長期投資。訣竅就是椅子優先，桌子往後放。

如果因為坐了不舒服的椅子導致腰痛必須往返醫院，造成生產力下滑，才是真的得不償失。我在美國展開留學生活時，率先購買的東西就是這張椅子。好的椅子可以連續坐好幾個小時都不會累。

我因為在跑新聞的年代常常需要搬運重型相機器材，所以有腰痛的問題，若不是當初買下這張椅子，留學的三年可能飽受腰痛所苦。返回日本時，我把這張椅子送給了朋友，回來後自己又買了一張一樣的，這椅子就是這麼好用。

它有很多優點值得一提，其中最便利的功能是椅座能向前傾，坐在上面不需要彎腰駝背就能長時間閱讀。

你在讀書的時候，一定也有彎腰駝背的毛病。一般椅子的椅面都是水平設計，坐在上面難免需要彎腰，久了便形成疲勞的原因。

而Aeron Chair的椅座本身就是向前傾的，因此可以用挺直背部的姿勢自然地微微向前傾，這是最適合坐在書桌前讀書的姿勢。此外，它的椅墊和椅背是網狀設計，夏天也不會悶熱。

購買時請注意，要買全套配備（沒有全套配備無法使用前傾功能），以及指定椅子的尺寸（有大、中、小三種，一般會選中尺寸，也就是B size）。

最近還有推出價格比較便宜的「Miller Chair」，這款也有前傾功能。

學習法 53

哪種桌燈最好用？

我可以就多年的讀書經驗告訴你，桌燈要挑品質好、不會刺眼的日光燈。

桌燈主要都是日光燈或鎢絲燈，我不喜歡鎢絲燈，原因是會發熱。後面會為你說明，讀書需要保持「頭冷腳熱」。燈泡通常位於頭部附近，會使頭部周遭的溫度上升。因此，桌燈建議使用好的日光燈。

日光燈多少也會發熱，但不像鎢絲燈燙到無法觸摸。和椅子一樣，桌燈也是值得投資的設備，長期下來可以增加學習效率。使用品質不好的桌燈會造成眼睛疲勞，影響隔天的讀書效率。

你可能會想：「書桌不值得花錢投資嗎？」因為，昂貴的桌子跟學習效率沒有正相關。

從順序上來看，花越多錢能得到越好效果的設備是椅子、燈，再來才是桌子。附帶一提，我愛用的桌子是國譽（Kokuyo）牌的「Alios」，這一款的桌子能自行調整高度。是的，我對書桌的建議是要能調整高度。現在你去IKEA也能買到可以調整高度的桌子。

長時間坐在高度不合的桌前也會造成疲勞，需要留意。

學習法 54

有沒有推薦的保暖工具？

人家常說「頭冷腳熱」是養生之道，冬天讀書時，下半身——尤其是腳趾特別容易發冷，有時會冷到難以專心。這時請用熱水浸泡暖腳。

為了替腳部保暖，我會穿羊毛襪，最近也愛用UNIQLO出的發熱材質襪。這種材質能吸汗，加上會發熱，不會讓腳底失溫。在寒冷的冬天我還會加穿絨毛拖鞋。

有時冬天房間裡明明很溫暖，腳底板卻冷得受不了。這時候，我會拿出便利道具「膝蓋暖板」。

膝蓋暖板使用遠紅外線溫和地暖腳。以前我曾在腳邊放小型電暖爐，結果太熱了。

因為頭部不宜發熱，所以我不在書房用煤油暖爐。房間要是變得太暖，空氣也會變悶，所以我都用電暖爐。

學習法 55

有沒有舒適起床的輔助工具？

前面提到打開窗簾的作法，也許會引來家人反感，這時有個便利工具可以參考，那就是「國際牌生理時鐘 光源喚醒燈」。

設定好鬧鐘後，它會仿照早晨的太陽光，在起床時間慢慢變亮（會照射到臉上），如此一來，便能溫和喚醒沉睡中的人。

還有另一樣工具，就是震動式手錶。這種手錶不會發出鬧鈴聲，而是用類似手機的震動方式來報時。

如此一來就不會吵醒家人，可以獨自起床。卡西歐（CASIO）和天美時（TIMEX）等多家品牌都能買到這種錶，例如卡西歐的「G-SHOCK G-7500-1JF」就很好用。

總整理

- 善用計時器掌握學習與休息的節奏，維持專注力。
- 在外面看書時，耳塞和Ａ４夾板是兩大武器。
- 先花錢買好椅子，之後再考慮桌子。推薦Herman Miller的「Aeron Chair（全套配備）」。
- 按照椅子↓桌燈↓書桌的順序投資，投資報酬率較高。

結語

特定知識和技術不夠用，往往是上班族工作碰壁的主因。這時候，你有兩個選擇：

一、發憤向上跨越難關；

二、選擇逃跑一輩子被人看不起。

要選哪邊是你的自由。

「每天只要三十分鐘」，持續保持開放學習，一年裡的三百多天就能多出一百五十個小時，五年就是七百五十個小時，十年就是一千五百個小時的學習量。除以一天的實質活動時間十七個小時，分別是整整九天、四十四天與八十八天的學習量！

聽起來很多吧，但其實只來自每天三十分鐘的用功。人家常說「堅持就是力量」，花了十年增加一千五百個小時學習量的人，絕對比花一千五百個小時看電視的人要強上太多太多。

你也許認為「即使每天只要三十分鐘，還是很難熬」。如果我要你「每天寫三十分鐘的作文」，你一定會拒絕，原因是「絕對辦不到」。

但請回想一下，你現在每天去上班，應該會花三十分鐘左右寫Email吧？這也是在寫東西，回想十多年前，你根本沒有寫Email的習慣吧？習慣是很有趣的東西，習慣之後幾乎沒有感覺。

學習習慣也是，「要習慣它很困難」，真的只有剛開始的時候，等你養成習慣之後，根本不需要花力氣。

剛上高速公路時，為了讓時速增加到一百公里，我們必須踩緊油門。但是，一旦達到了一百公里，接下來不需要踩油門便能維持速度。學習亦然。

人還是小寶寶時，先是在地上爬來爬去，然後在不知不覺間的累積當中學會了走路。腳踏車也是，練習一陣子就能騎了。

培養學習的習慣完全就是這麼回事，如果你以往不擅長念書，只需要在成功與失敗間反覆練習，之後自然就會了。

我向你保證，持續學習數年後，你將不再是從前的你。

最後要向許多人致謝。

首先要謝謝在本書出版之前，向我購買原始版本的讀者。當我通知這些讀者，本書收到出版社的邀約提案，大部分人都表示贊成。接著還要感謝在翻譯上、手帳上及英語學校支持我，合計超過三千三百人的忠實老友。

本書現在的新書名，是我向讀者做過問卷調查才定案的。

此外，還要感謝本書的編輯平城好誠先生。事實上，我和平城先生也是透過手帳教學與學習法認識的，因此，他懷抱著滿滿的感情，為我用心編輯、製作了本書。

最後要謝謝各位讀到這裡。

古市幸雄

參考文獻

我和各位一樣，受到了多位優秀作者的啟發，才開啟了學習之路。

本書的原版有多處內容是直接從這些著作當中引用的。但是，你現在看到的成書，是我讀過大量書籍、上過許多課程，消化吸收之後，用我自己的見解介紹出來的。在此列出啟發我最多的書籍，請一定要讀讀看。

- 《我的未來不是夢：畫出成功曲線》（「成功曲線」を描こう。夢をかなえる仕事のヒント）石原明著 大和書房
- 《增強記憶力：用最新的腦科學說明記憶如何形成及鍛鍊》（記憶力を強くする 最新脳科学が語る記憶のしくみと鍛え方）池谷裕二著 講談社blue backs
- 《小公司的賺錢法則：七個蘭徹斯特的成功經營戰略》（小さな会社・儲けのルール―ランチェスター経営7つの成功戦略）竹田陽一、栢野克己合著 forest出版
- 《不生病的生活：全美首席胃腸科醫師的健康祕訣》（病気にならない生き方―ミラクル・エンザイムが寿命を決める）新谷弘實著 如何出版

- 《永不放棄：我如何打造麥當勞王國》（*Grinding It Out : The Making of McDonald's*） 雷·克洛克、羅伯特·安德森合著 經濟新潮社
- 《思考致富》（*Think and Grow Rich*） 拿破崙·希爾著 野人文化
- 《888生理時鐘高效瘦身：每天吃飽吃滿，還能減脂、美肌、穩血糖、改善疲勞！》（*Fit for Life*） 哈維·戴蒙、瑪莉琳·戴蒙合著 柿子文化

提升學習效率的工具

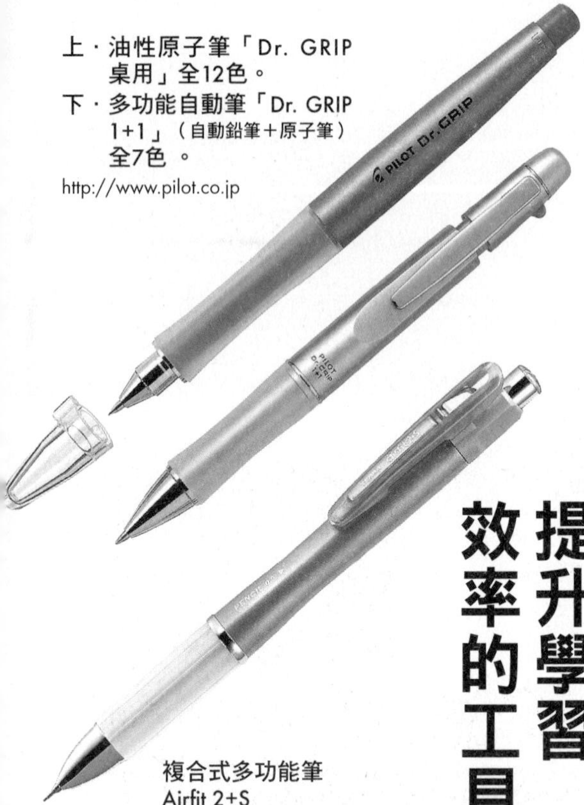

上・油性原子筆「Dr. GRIP 桌用」全12色。
下・多功能自動筆「Dr. GRIP 1+1」（自動鉛筆＋原子筆）全7色 。
http://www.pilot.co.jp

複合式多功能筆
Airfit 2+S
氣墊使筆桿適度柔軟，不會給手指帶來負擔。
http://www.zebra.co.jp

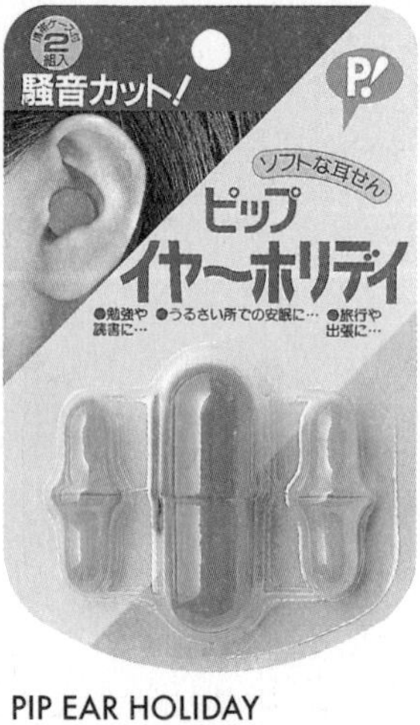

PIP EAR HOLIDAY
原創的鈴鐺狀能貼合耳洞。兩枚組，附攜帶盒。
https://www.pipjapan.co.jp/products/

聚苯乙烯
塑膠夾板 A4
耐摔、半透明製品。
https://www.muji.com/jp/ja/store

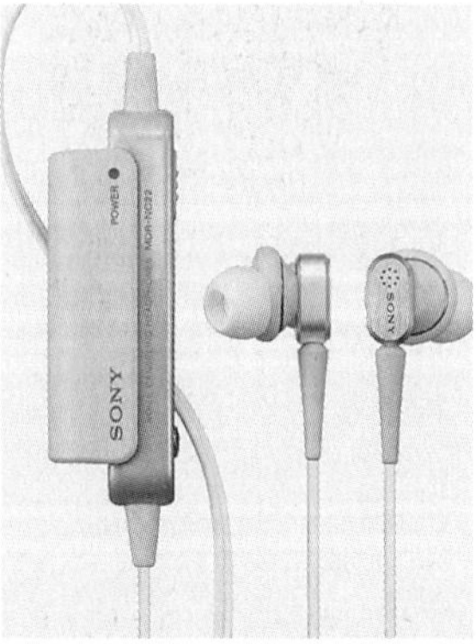

右・降噪耳機（MDR-NC22）全3色。
左・頭戴式立體音耳機組（MDR-IF240RK）
http://www.sony.co.jp

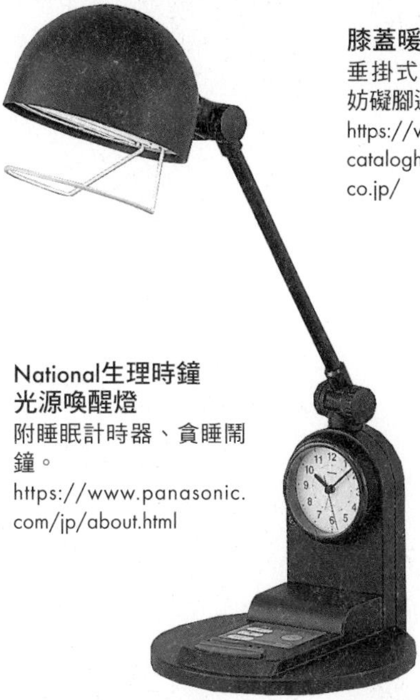

膝蓋暖板
垂掛式，不會妨礙腳邊。
https://www.cataloghouse.co.jp/

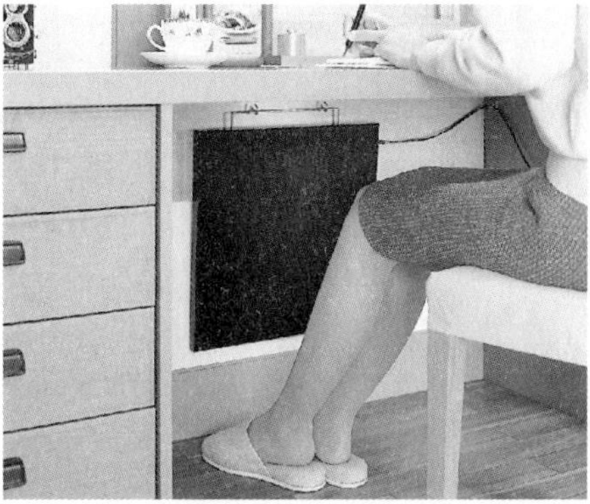

National生理時鐘光源喚醒燈
附睡眠計時器、貪睡鬧鐘。
https://www.panasonic.com/jp/about.html

G-SHOCK G-7500-1 JF
計時、鬧鐘、報時，使用震動通知。重量67g。
https://www.casio.com/jp/

Aeron Chair 人體工學椅
姿勢調整全套配備，能配合所有體型及姿勢。
https://www.hermanmiller.com/ja_jp/

※因年代關係，以上產品設計可能已有變化或已無生產，有興趣的讀者請自行上網搜尋相關替代品。

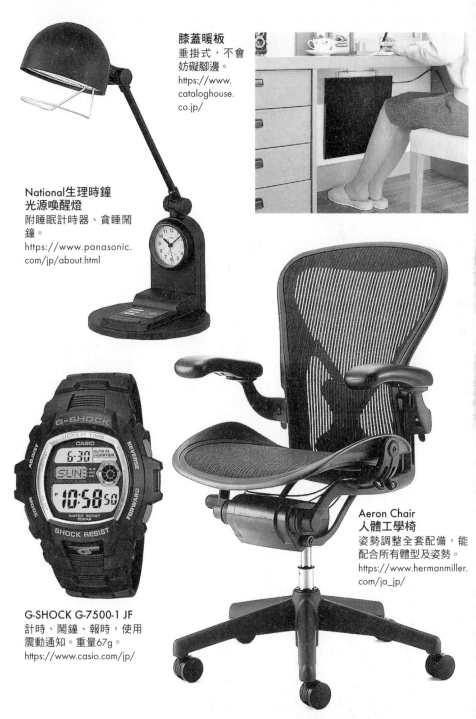

國家圖書館出版品預行編目(CIP)資料

每日只要30分鐘：多益980分高手的必勝學習術，持續小單位的成功就能改變
人生！/古市幸雄著；韓宛庭譯. -- 初版. -- 臺北市：商周出版：英屬蓋曼群島商家
庭傳媒股份有限公司城邦分公司發行, 民112.04
240面；14.8×21公分. -- (ideaman；152)
譯自：「1日30分」を続けなさい!人生勝利の勉強法55
ISBN 978-626-318-600-2(平裝)

1.CST: 整體學習法 2.CST: 學習方法

521.1   112001826

ideaman 152

每日只要30分鐘：多益980分高手的必勝學習術，持續小單位的成功就能改變人生！

原 著 書 名／「1日30分」を続けなさい!人生勝利の勉強法55	譯　者／韓宛庭
原 出 版 社／マガジンハウス	企 劃 選 書／何宜珍
作　者／古市幸雄	責 任 編 輯／劉枚瑛

版　權　部／吳亭儀、江欣瑜、林易萱
行 銷 業 務／黃崇華、賴正祐、周佑潔、賴玉嵐
總　編　輯／何宜珍
總　經　理／彭之琬
事業群總經理／黃淑貞
發　行　人／何飛鵬
法 律 顧 問／元禾法律事務所　王子文律師
出　　　版／商周出版
　　　　　　台北市104中山區民生東路二段141號9樓
　　　　　　電話：(02) 2500-7008　傳真：(02) 2500-7759
　　　　　　E-mail：bwp.service@cite.com.tw
　　　　　　Blog：http://bwp25007008.pixnet.net./blog
發　　　行／英屬蓋曼群島商家庭傳媒股份有限公司城邦分公司
　　　　　　台北市104中山區民生東路二段141號2樓
　　　　　　書虫客服專線：(02)2500-7718、(02) 2500-7719
　　　　　　服務時間：週一至週五上午09:30-12:00；下午13:30-17:00
　　　　　　24小時傳真專線：(02) 2500-1990；(02) 2500-1991
　　　　　　劃撥帳號：19863813　戶名：書虫股份有限公司
　　　　　　讀者服務信箱：service@readingclub.com.tw
　　　　　　城邦讀書花園：www.cite.com.tw
香 港 發 行 所／城邦(香港)出版群組有限公司
　　　　　　香港灣仔駱克道193號超商業中心1樓
　　　　　　電話：(852) 25086231傳真：(852) 25789337
　　　　　　E-mailL：hkcite@biznetvigator.com
馬 新 發 行 所／城邦(馬新)出版群組【Cité (M) Sdn. Bhd】
　　　　　　41, Jalan Radin Anum, Bandar Baru Sri Petaling,
　　　　　　57000 Kuala Lumpur, Malaysia.
　　　　　　電話：(603)90563833　傳真：(603)90576622
　　　　　　E-mail：services@cite.my

美 術 設 計／萬勝安
內 頁 編 排／簡至成
印　　　刷／卡樂彩色製版印刷有限公司
經　銷　商／聯合發行股份有限公司
　　　　　　電話：(02)2917-8022　傳真：(02)2911-0053

■2023年（民112）4月6日初版　　　　　　　　　城邦讀書花園
定價／350元　　　　　　　Printed in Taiwan　　www.cite.com.tw

線上版讀者回函卡

Idea man